TIGER
TATEISHI

TIGER
TATEISHI

TIGER
TATEISHI

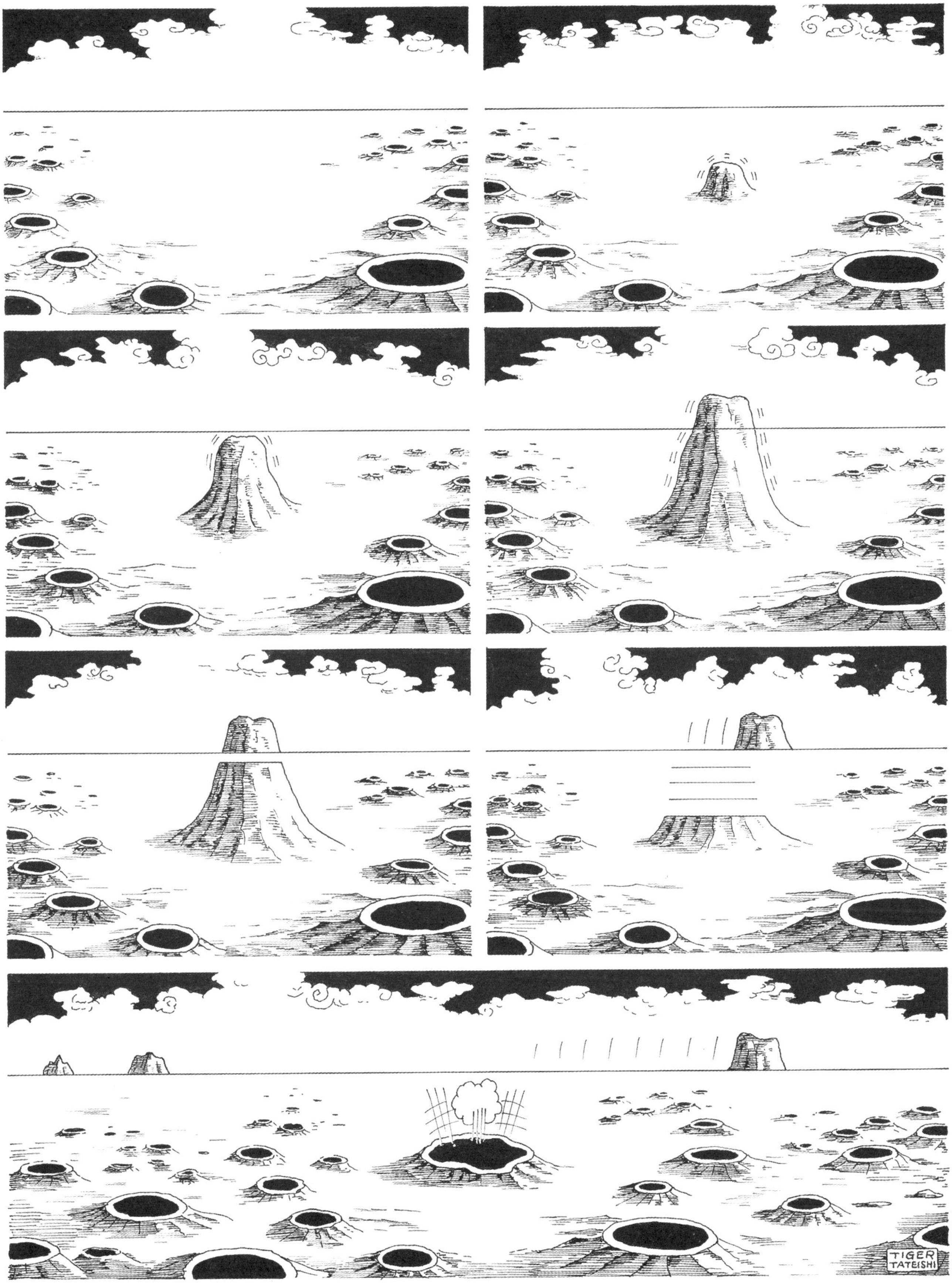
TIGER
TATEISHI

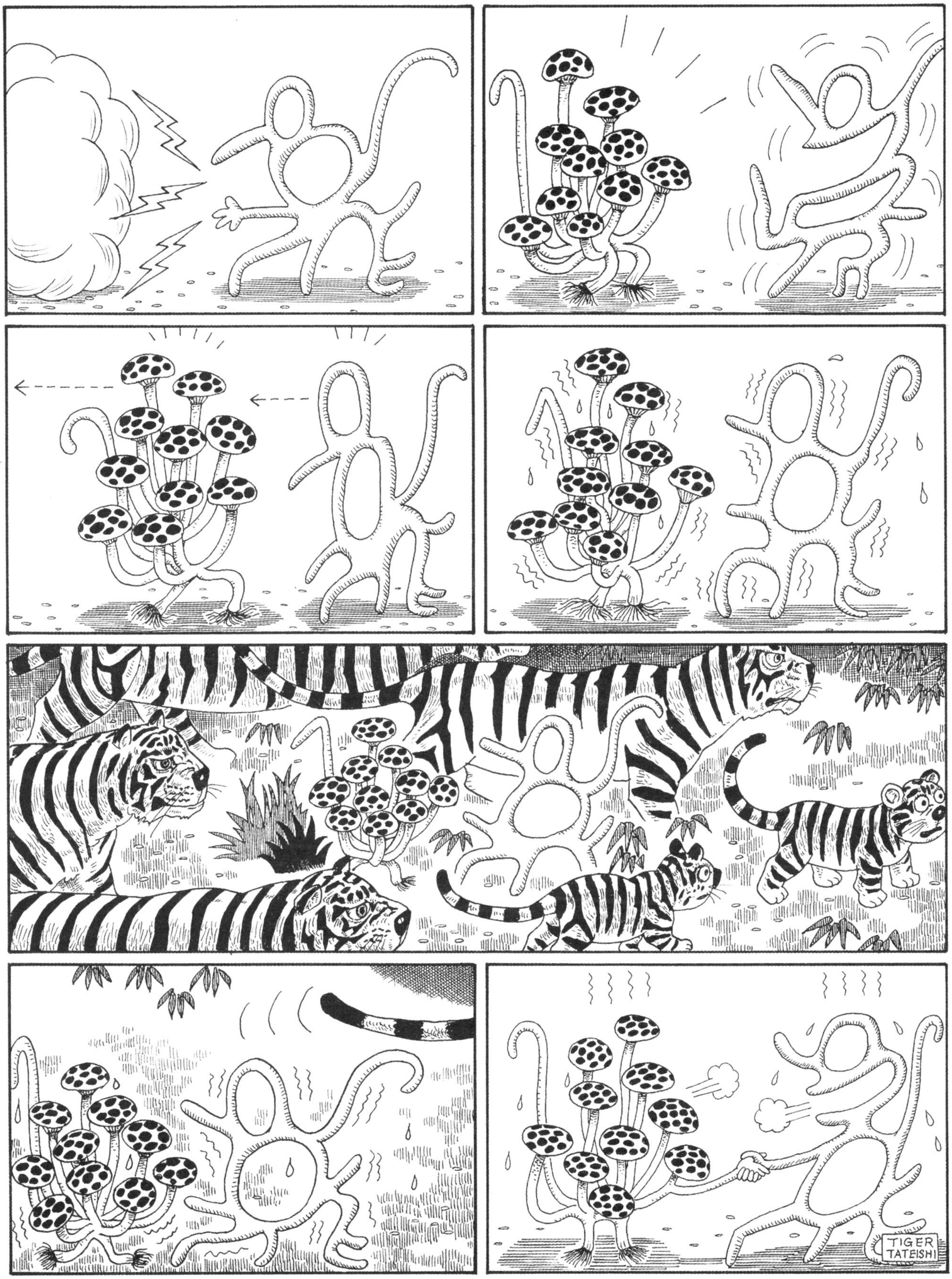
TIGER
TATEISHI

TIGER TATEISHI

TIGER
TATEISHI

TIGER
TATEISHI

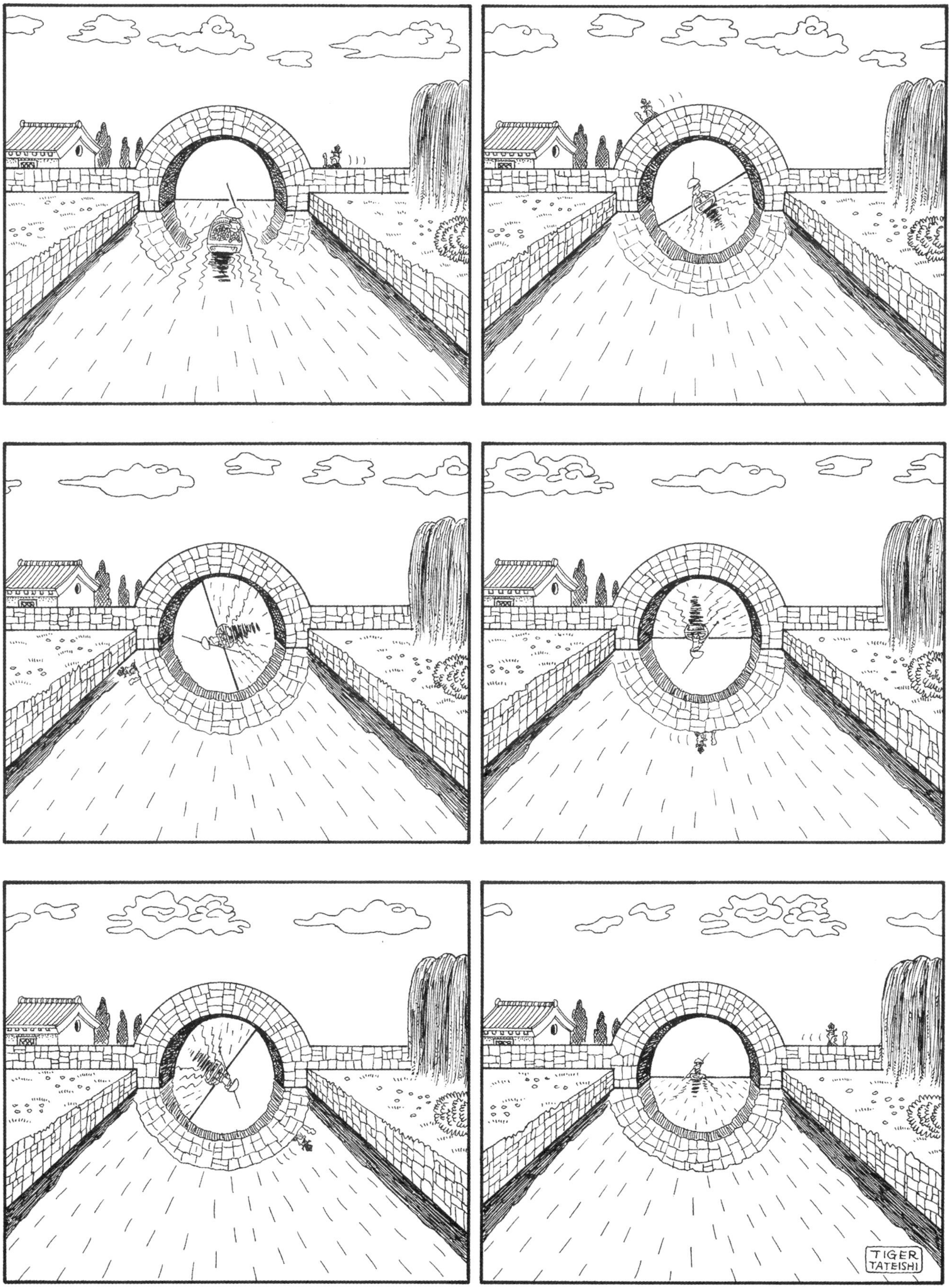
TIGER
TATEISHI

TIGER TATEISHI

TIGER
TATEISHI

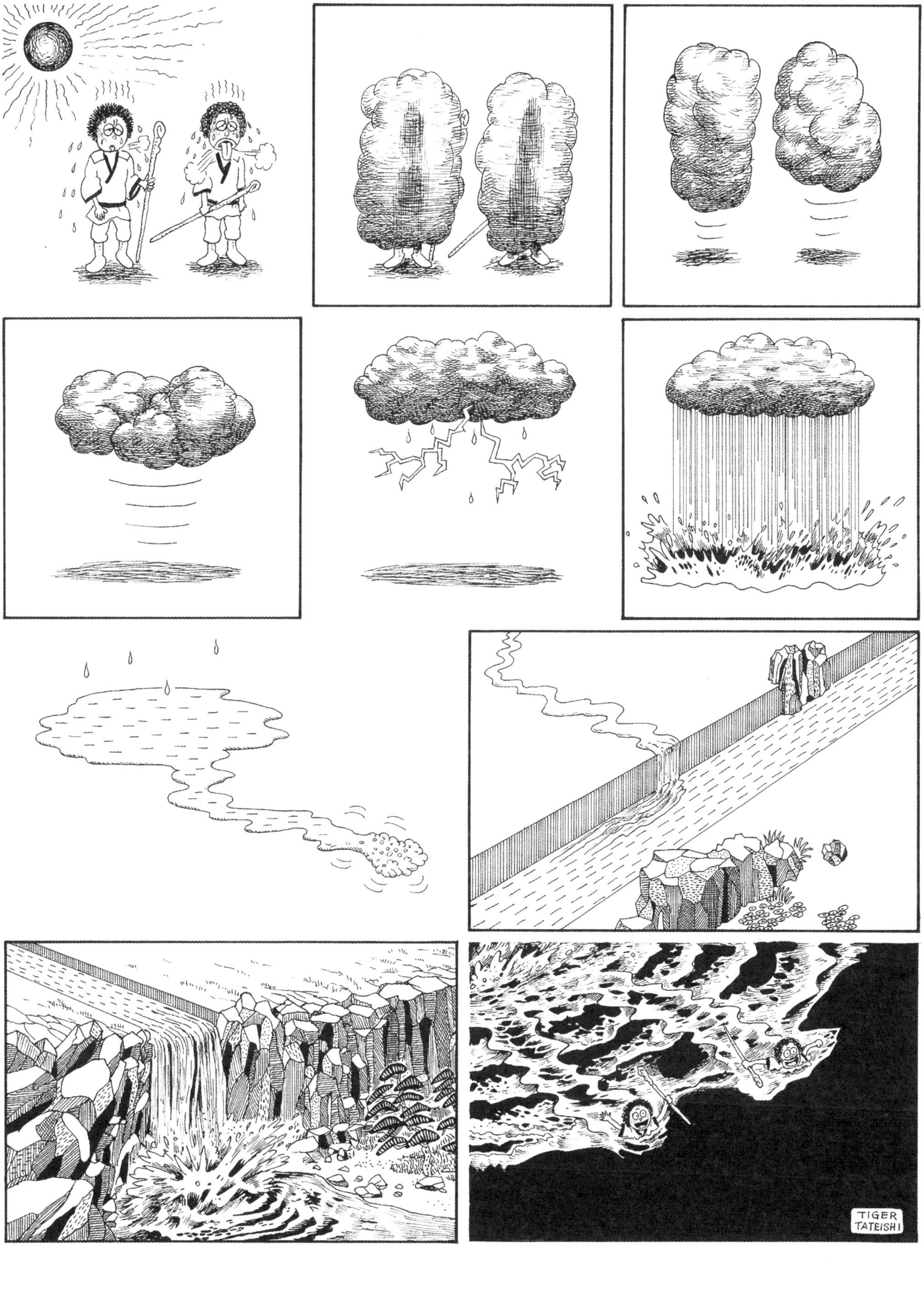
TIGER
TATEISHI

TIGER TATEISHI

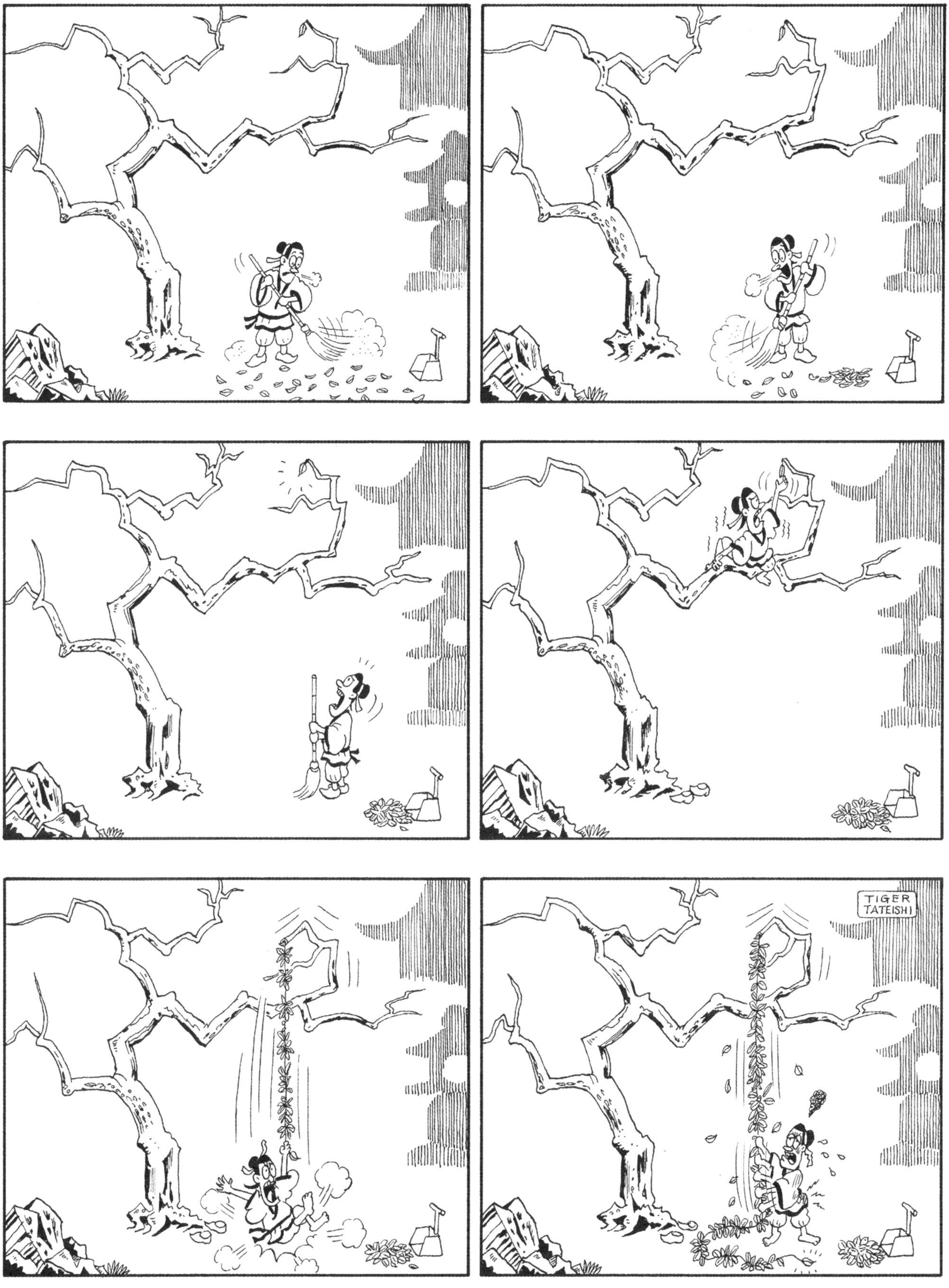
TIGER
TATEISHI

TIGER
TATEISHI

TIGER
TATEISHI

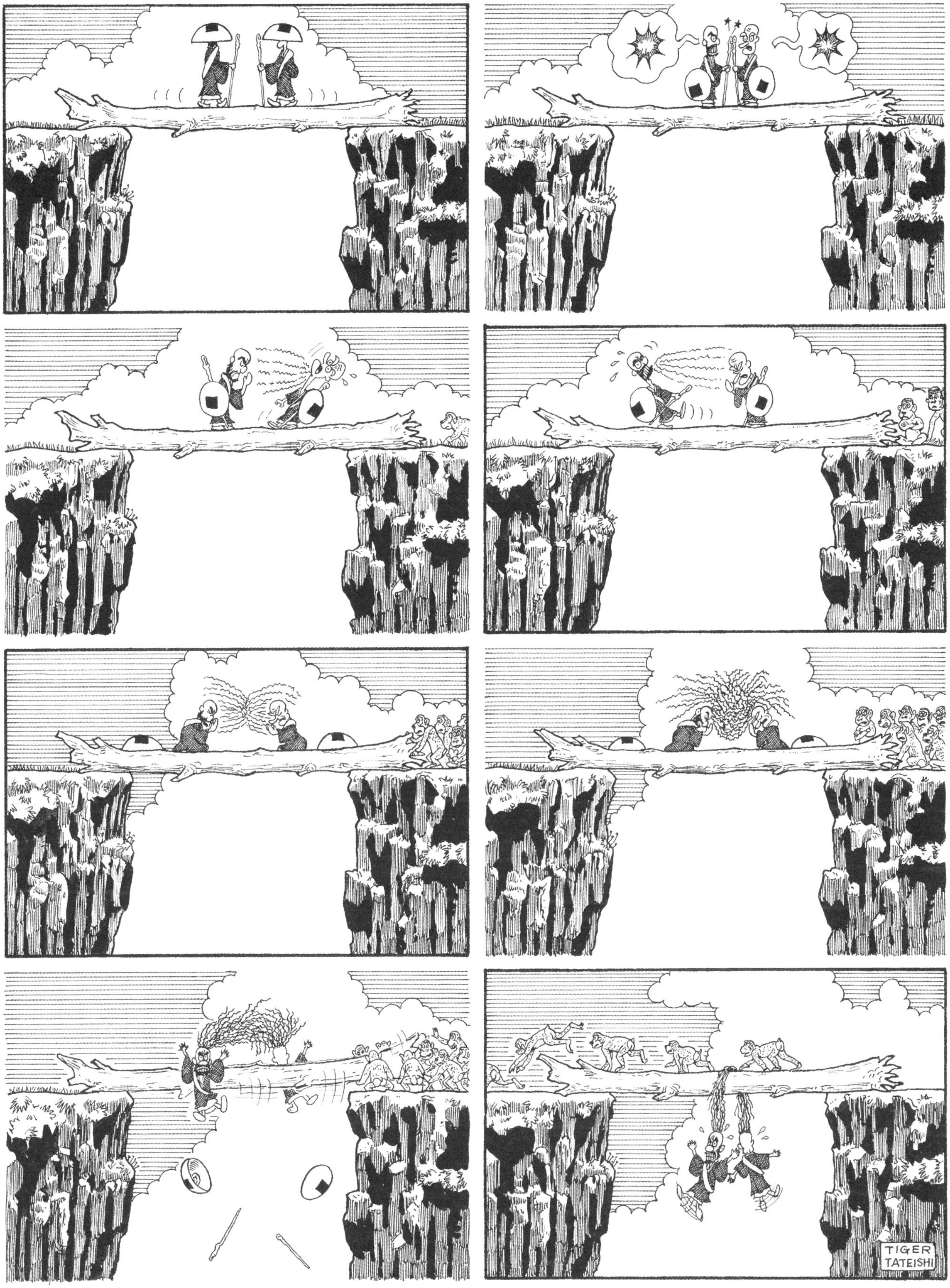
TIGER
TATEISHI

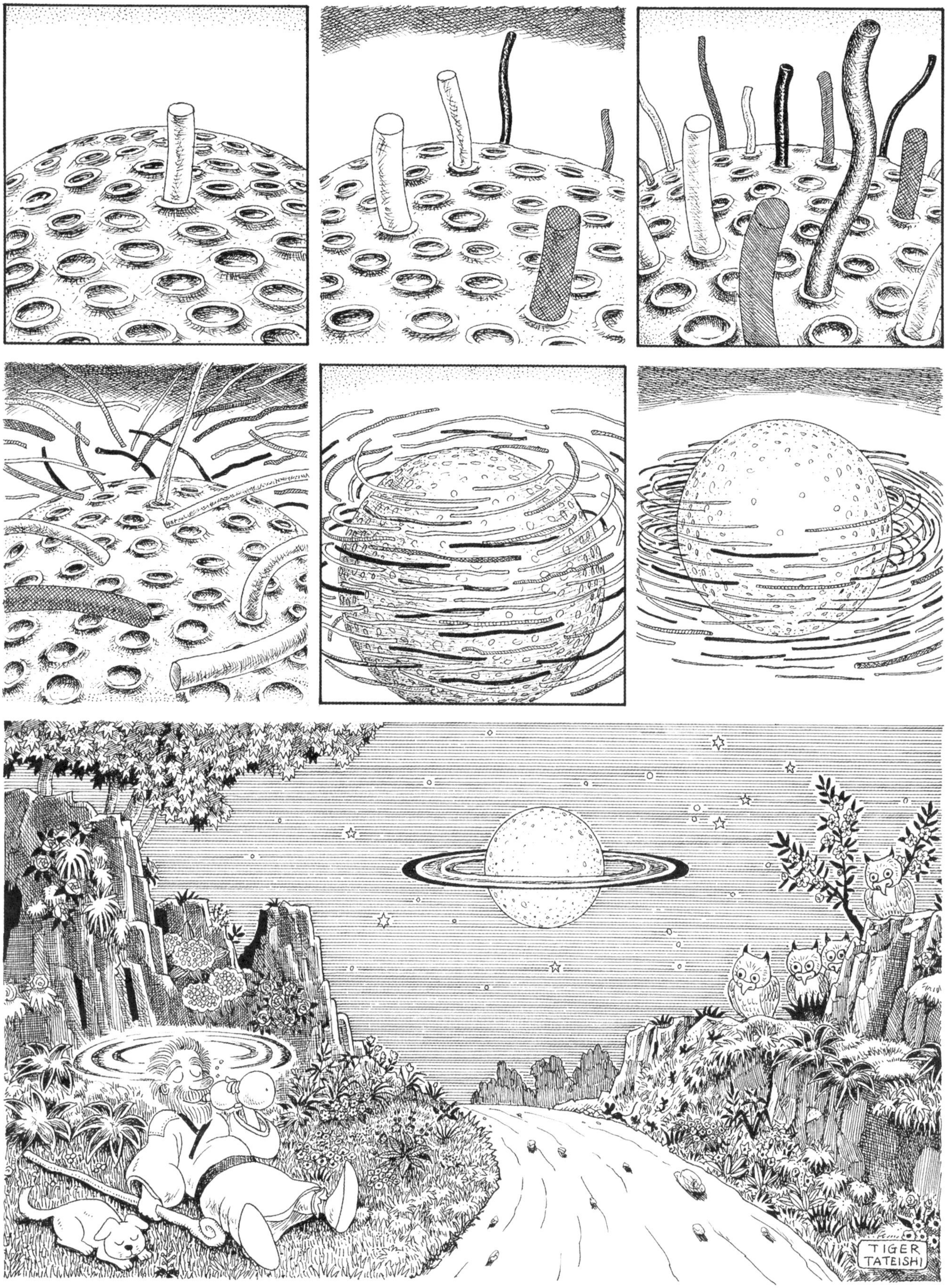
TIGER
TATEISHI

TIGER
TATEISHI

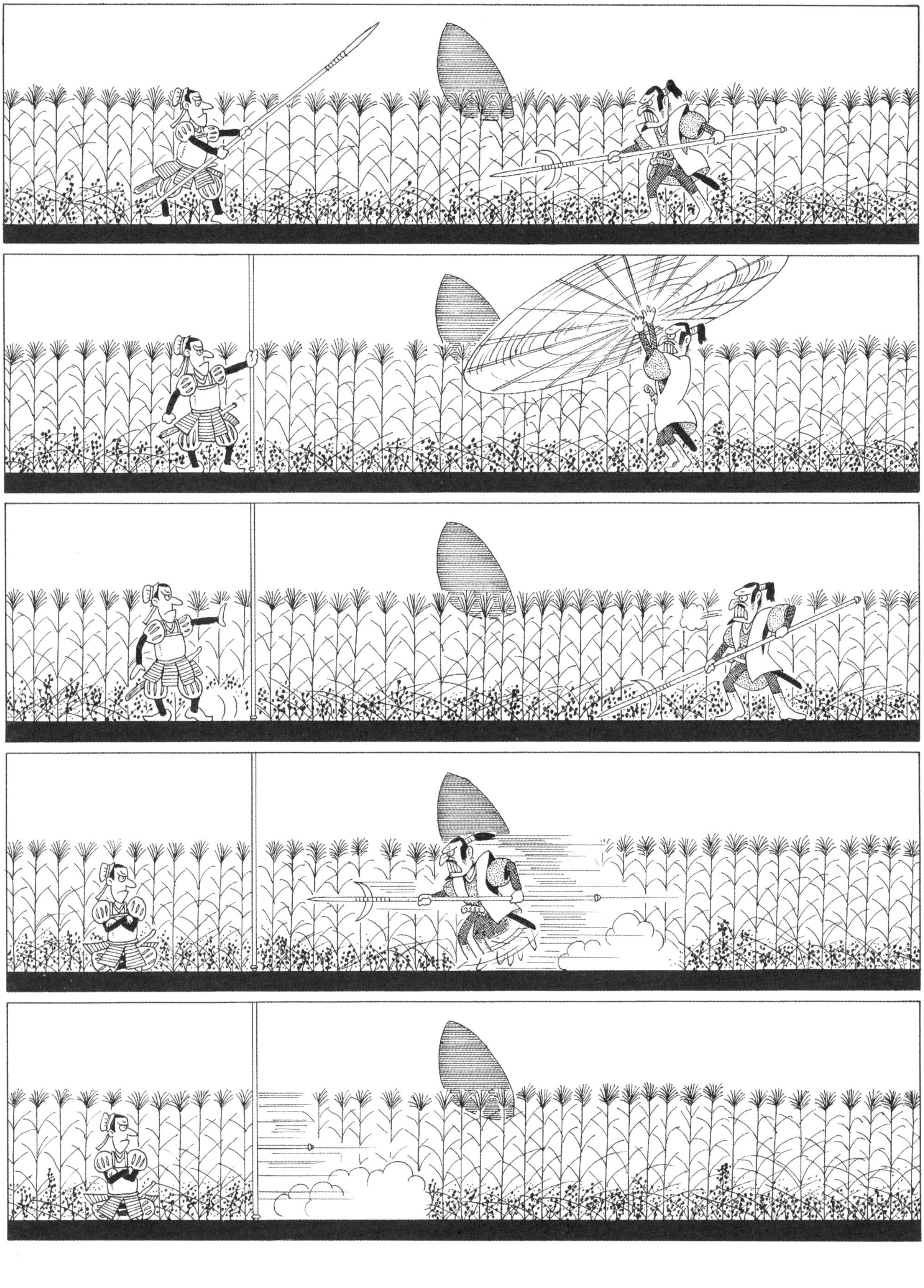

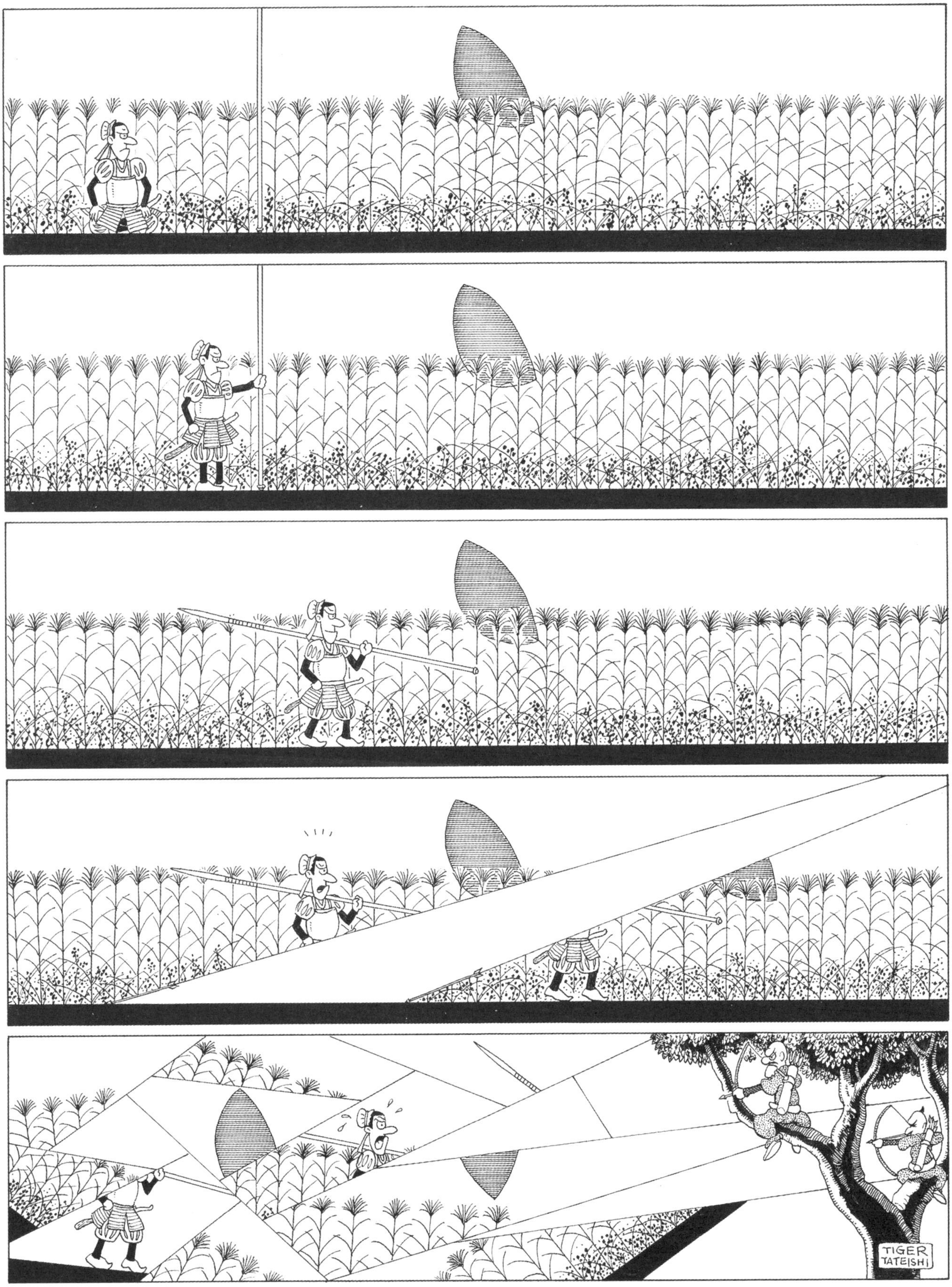
TIGER
TATEISHI

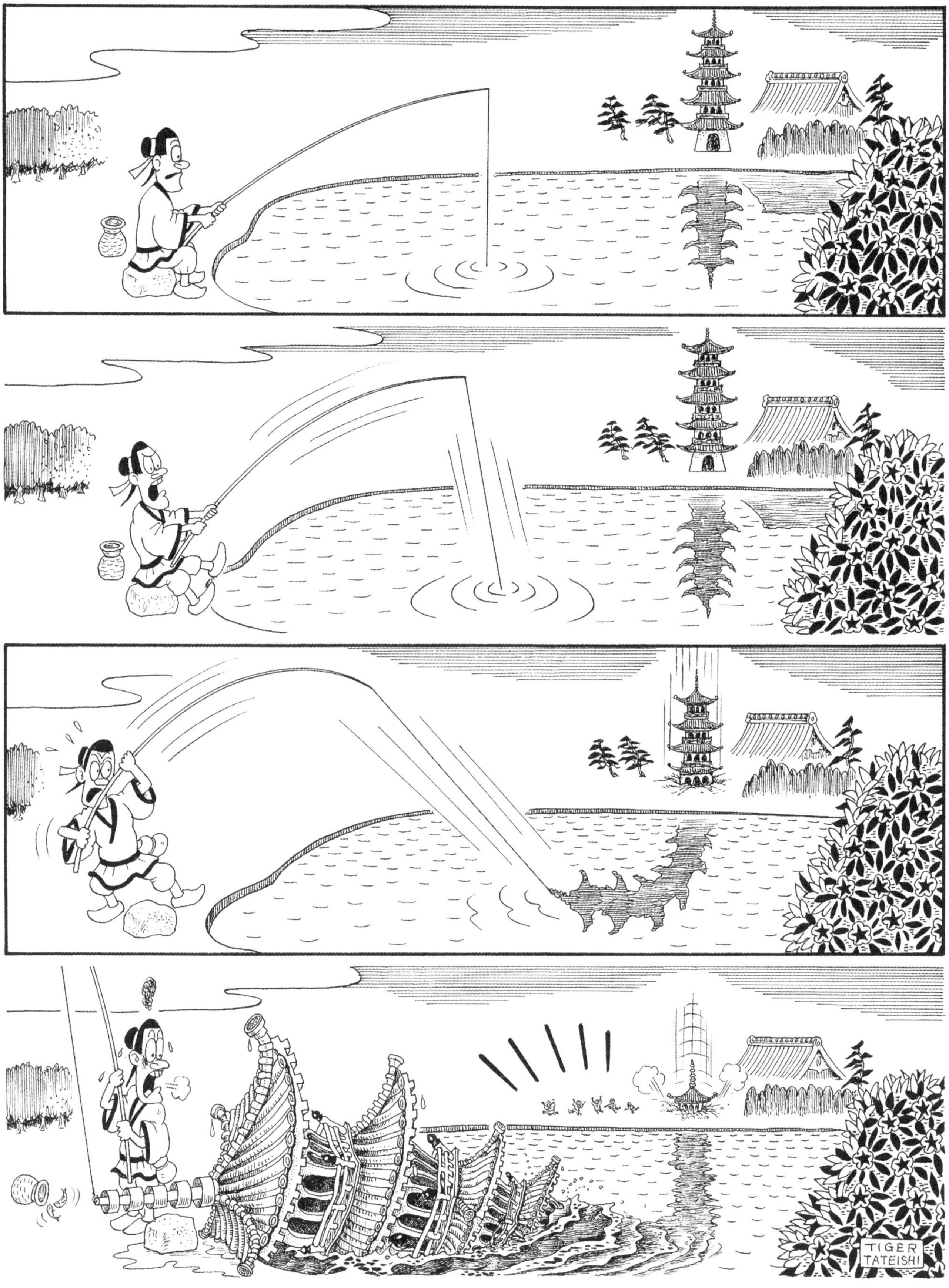
TIGER
TATEISHI

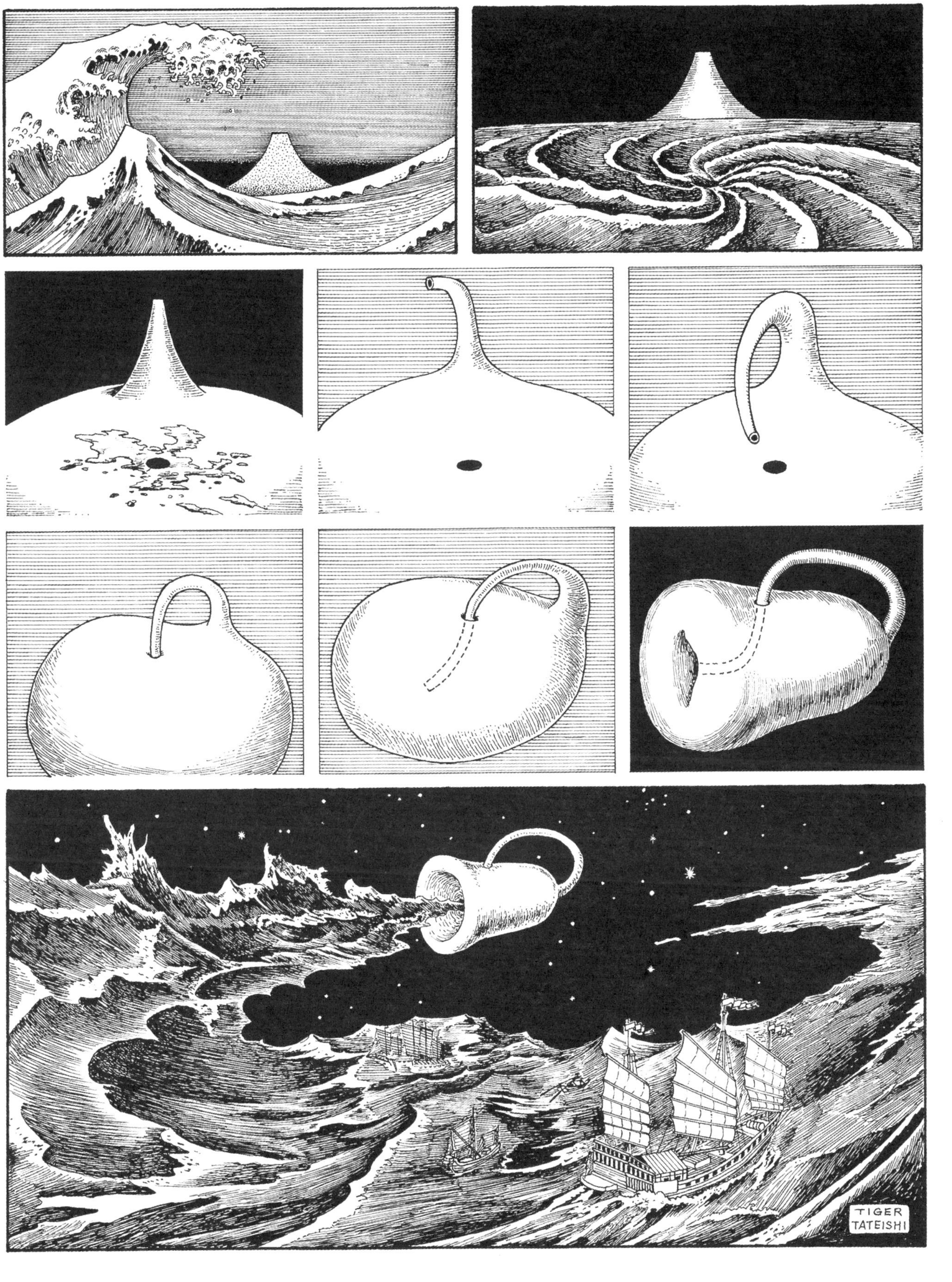
TIGER
TATEISHI

TIGER
TATEISHI

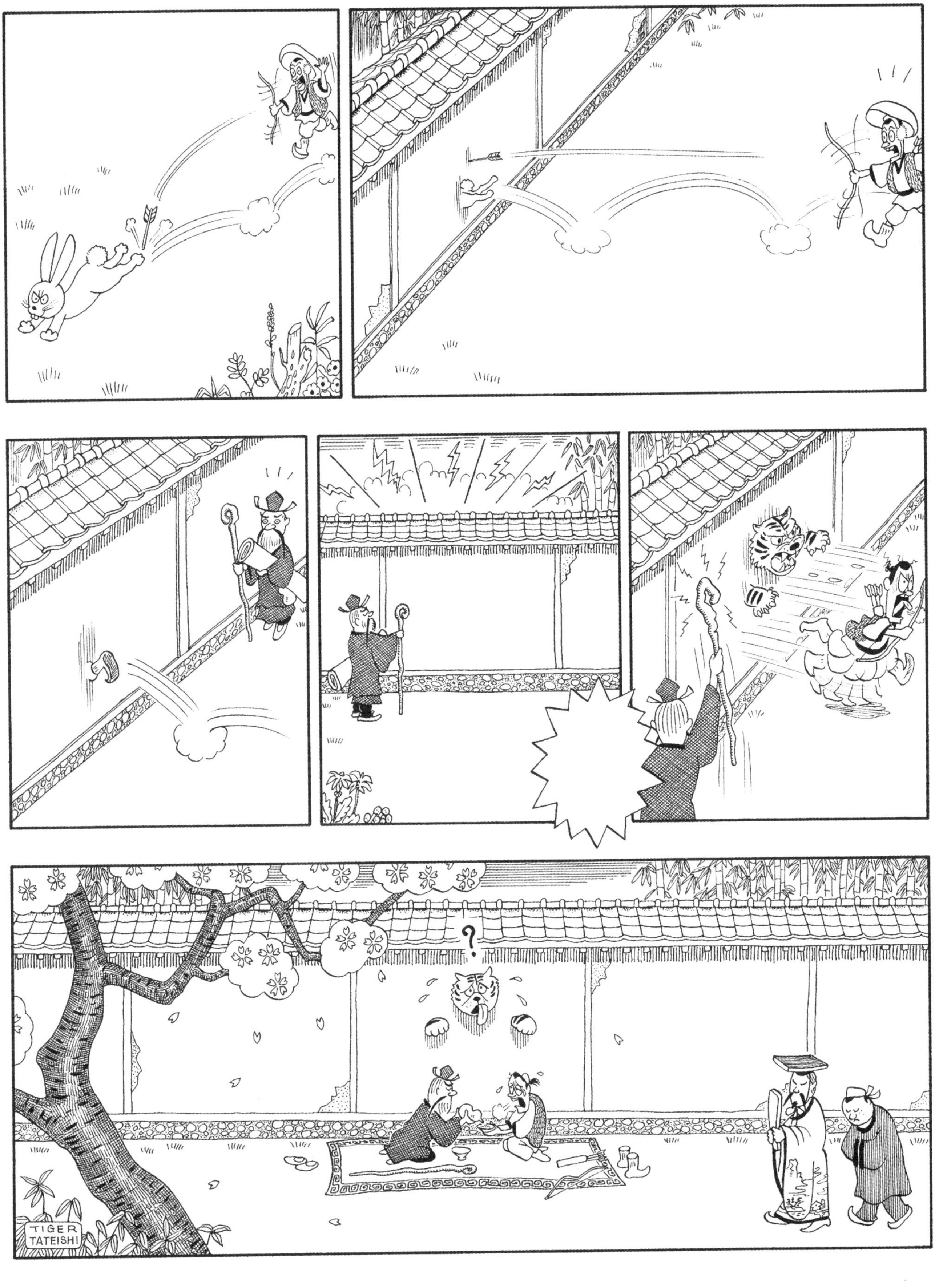
TIGER
TATEISHI

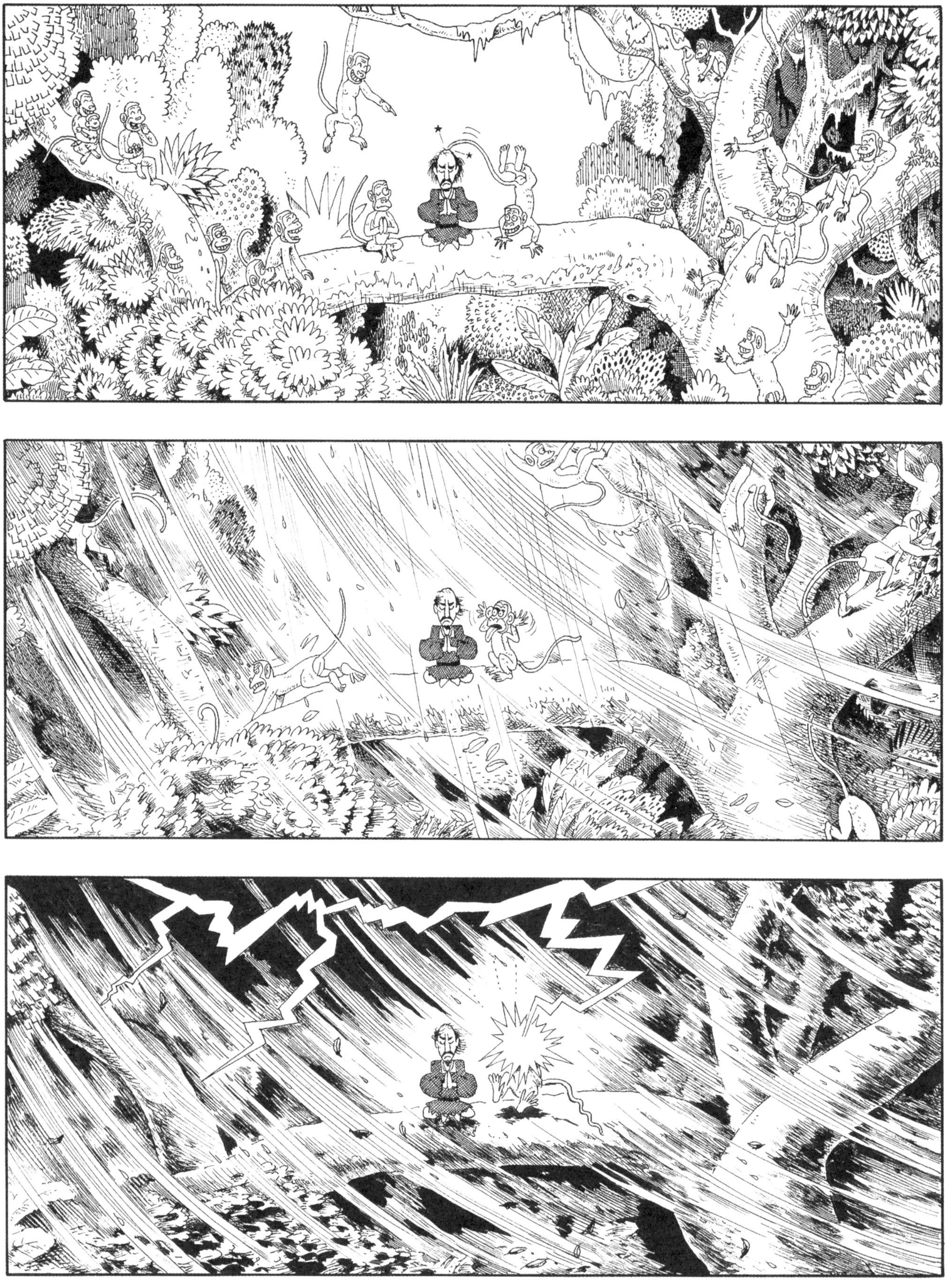

TIGER
TATEISHI

TIGER
TATEISHI

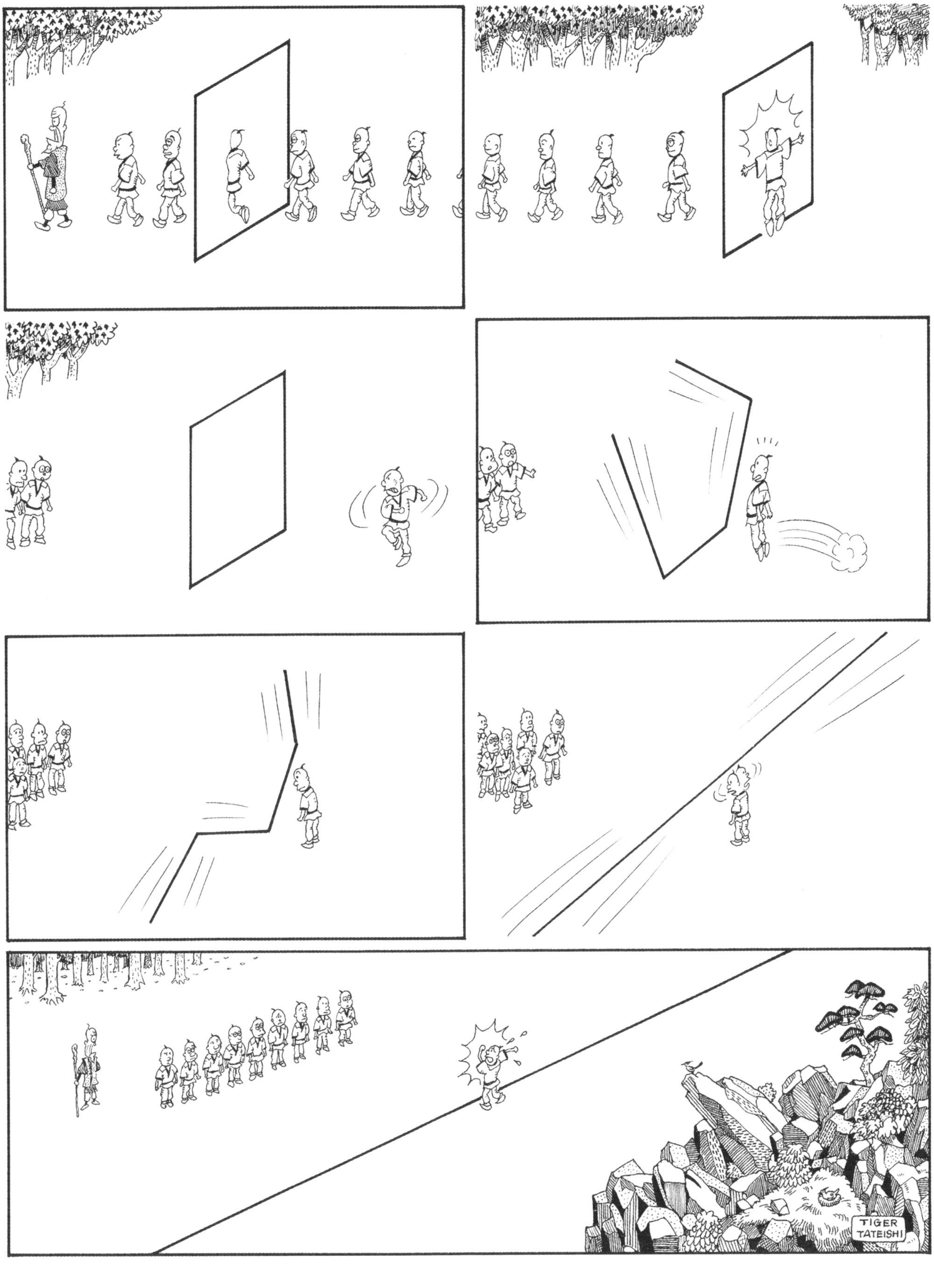
TIGER
TATEISHI

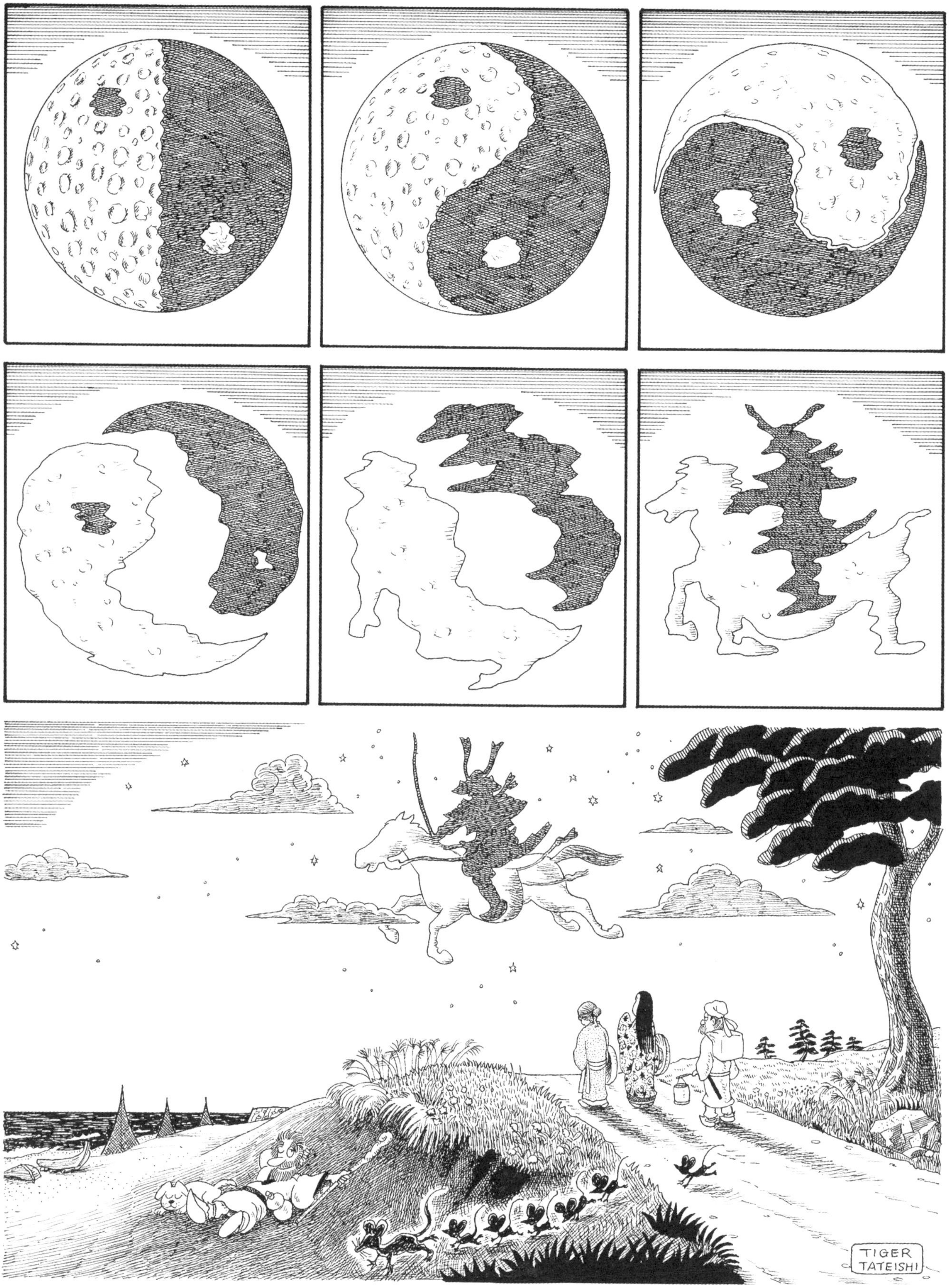
TIGER
TATEISHI

TIGER
TATEISHI

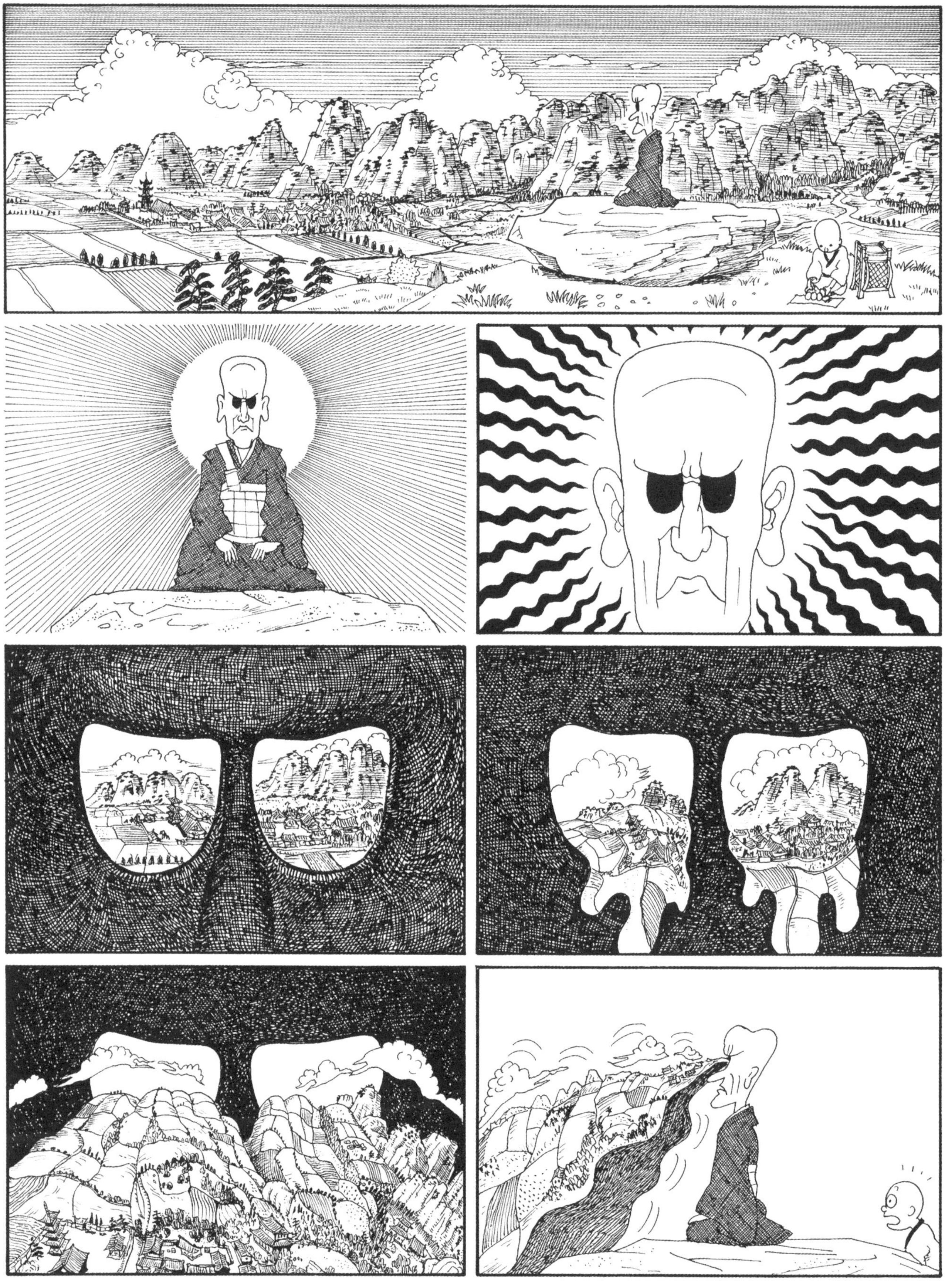

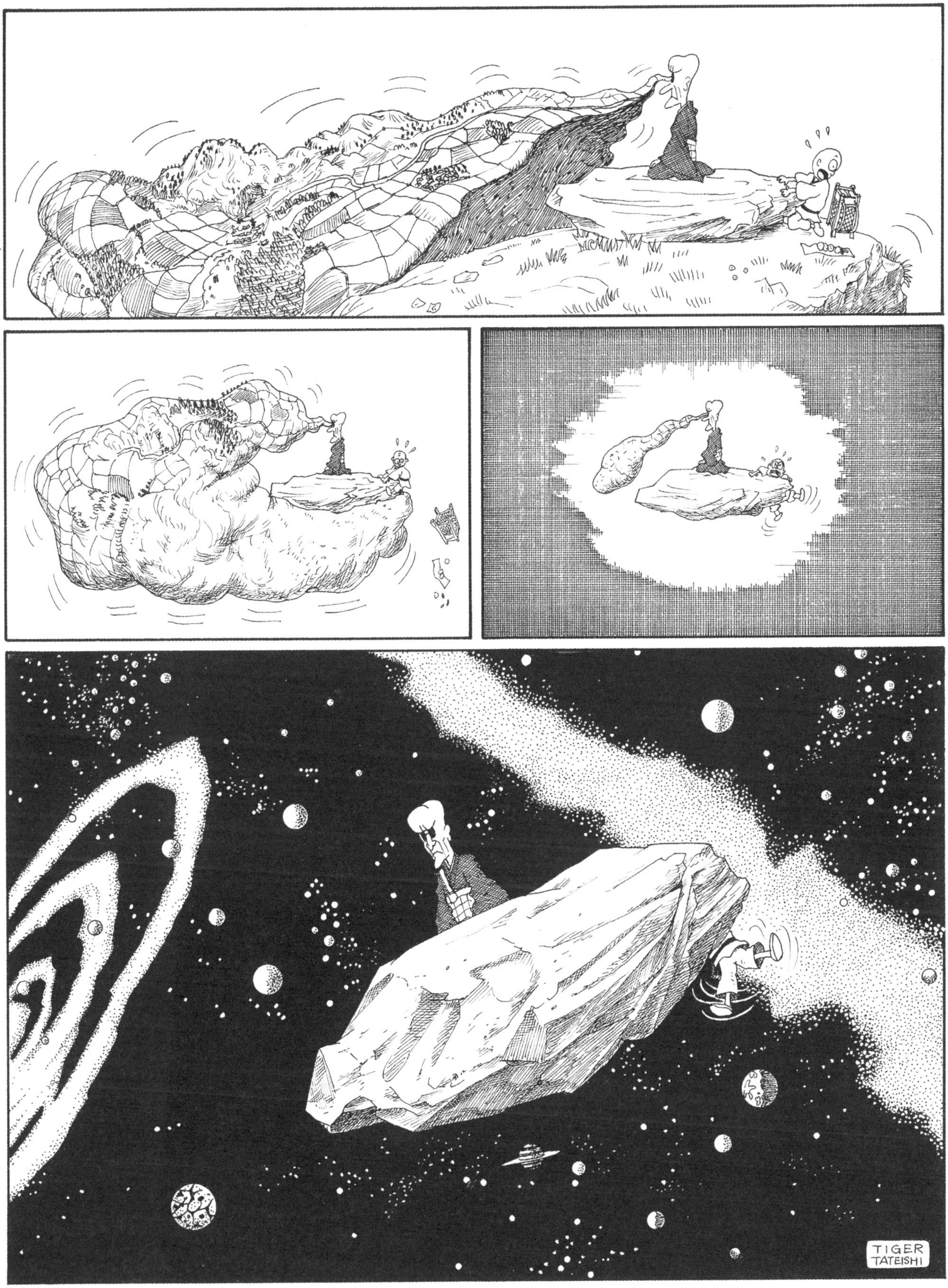
TIGER
TATEISHI

TIGER
TATEISHI

TIGER
TATEISHI

TIGER
TATEISHI

TIGER
TATEISHI

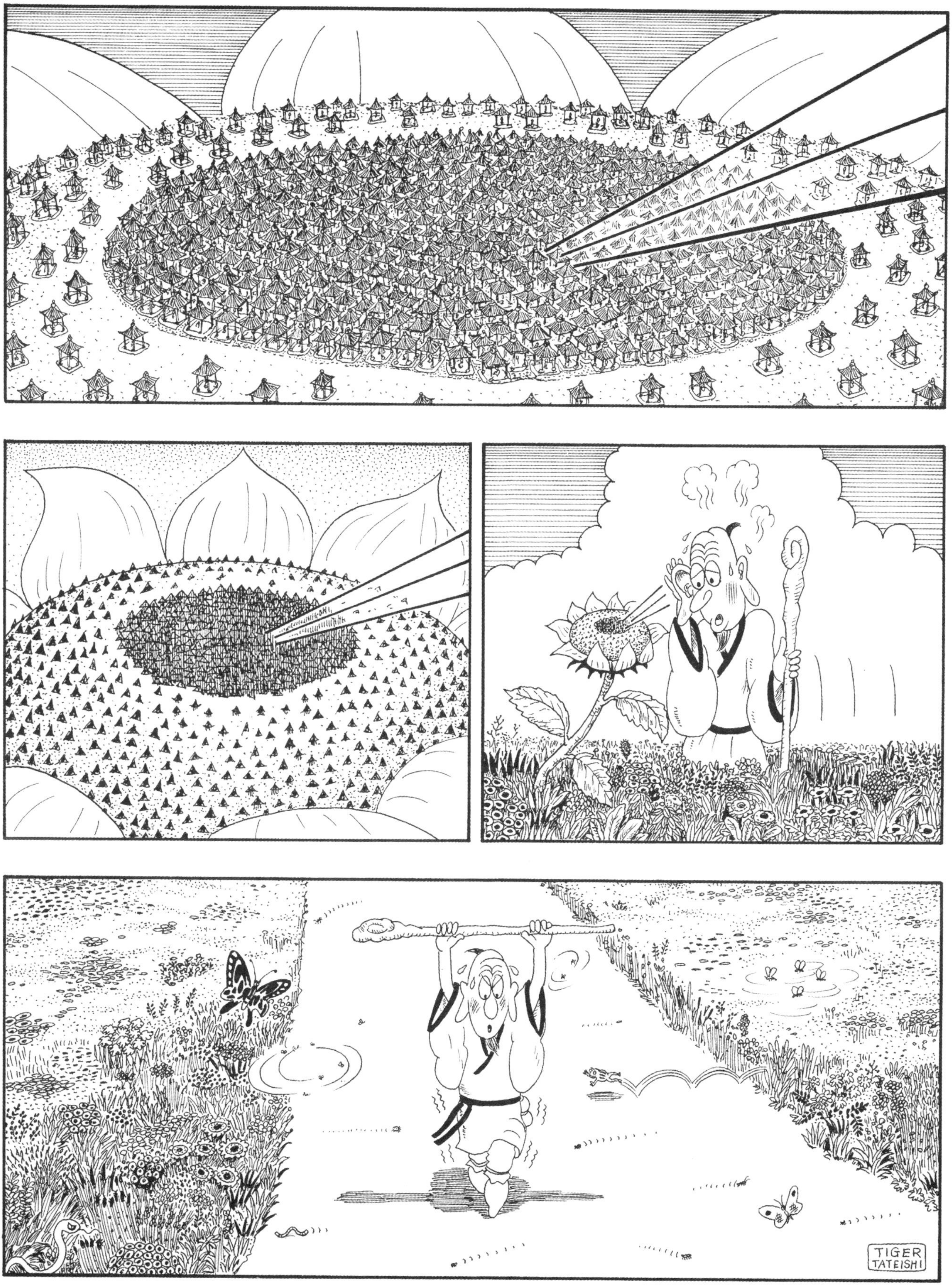
TIGER
TATEISHI

TIGER
TATEISHI

TIGER
TATEISHI

TIGER
TATEISHI

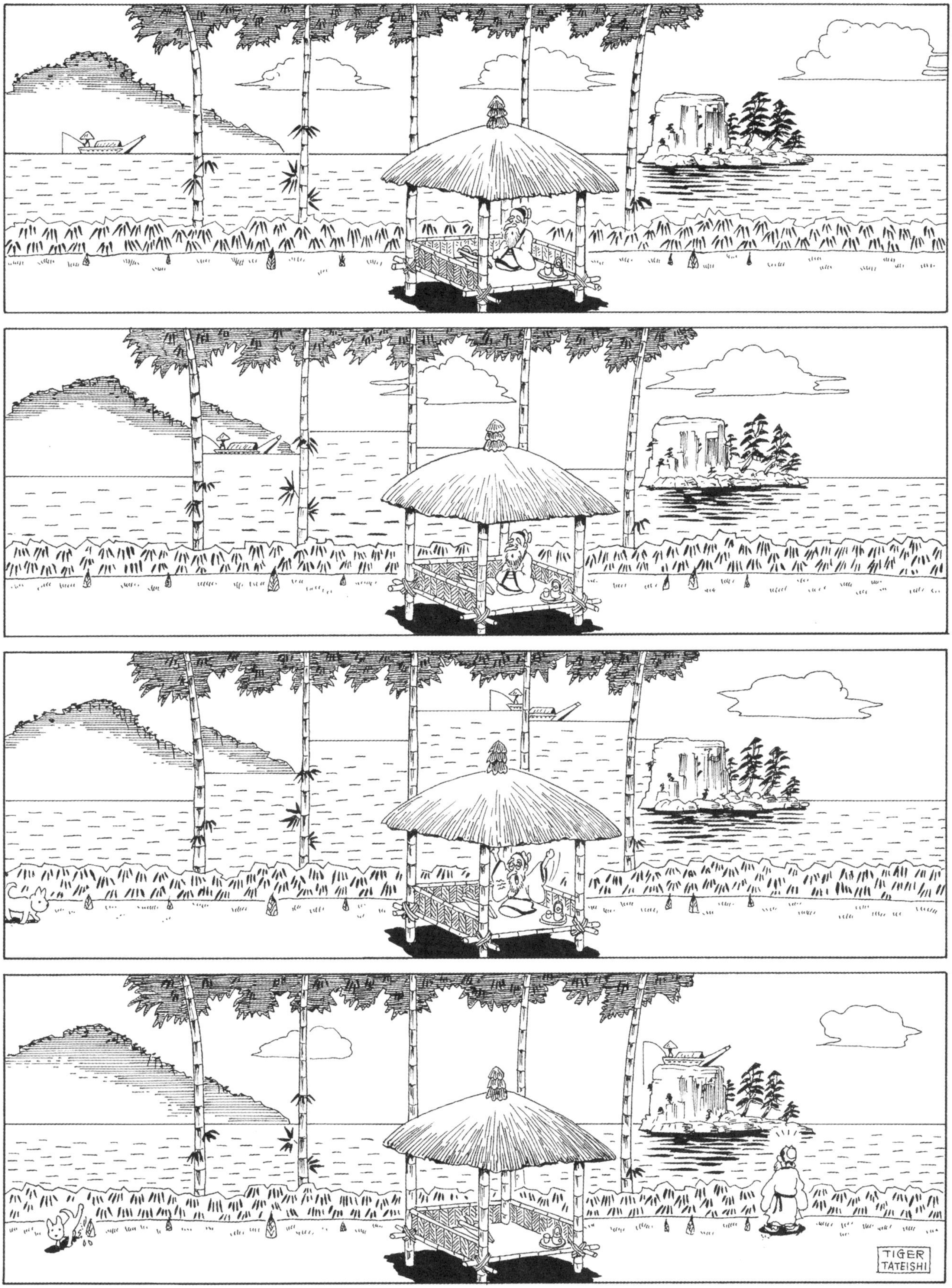
TIGER
TATEISHI

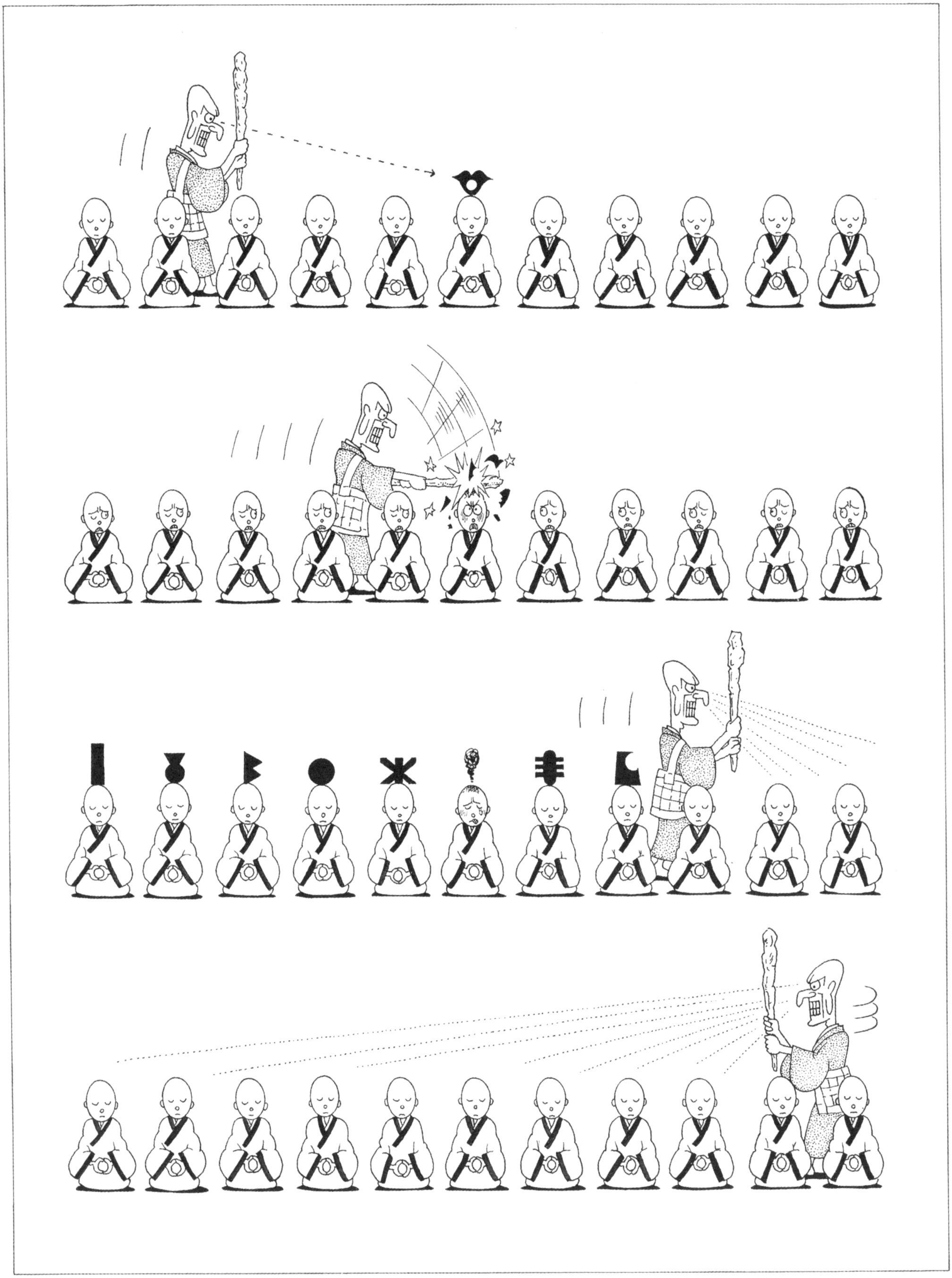

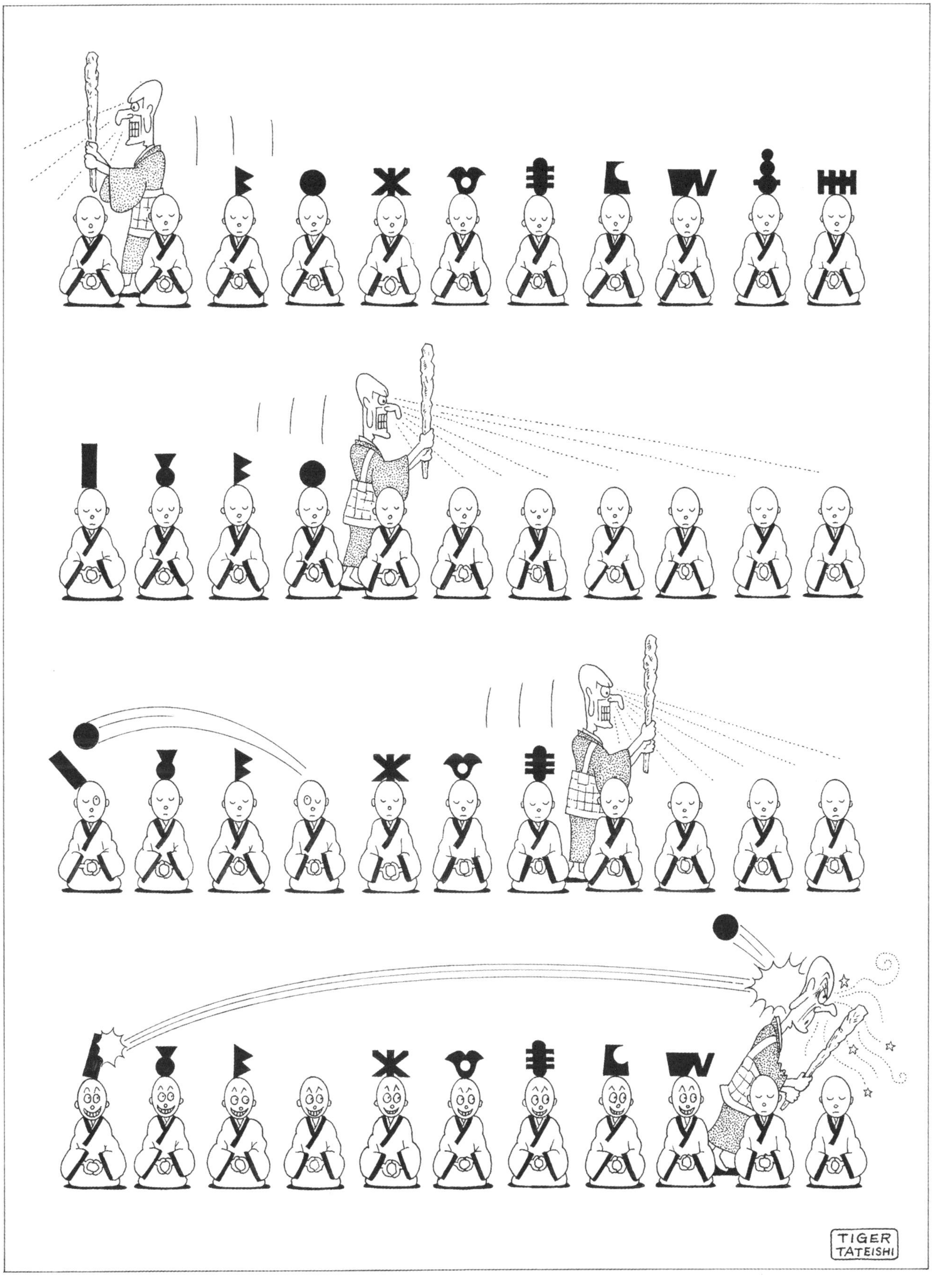
TIGER
TATEISHI

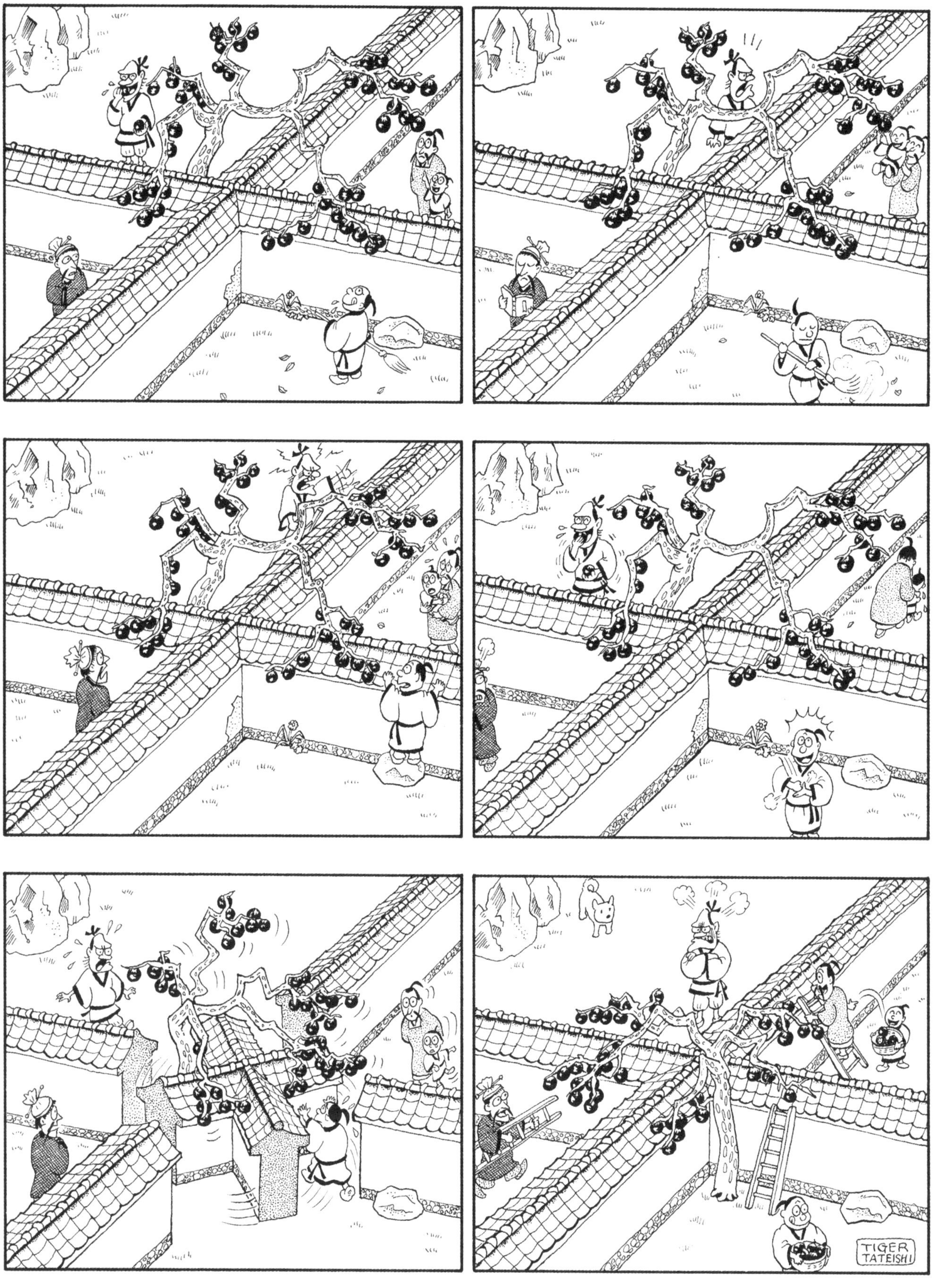
TIGER
TATEISHI

TIGER
TATEISHI

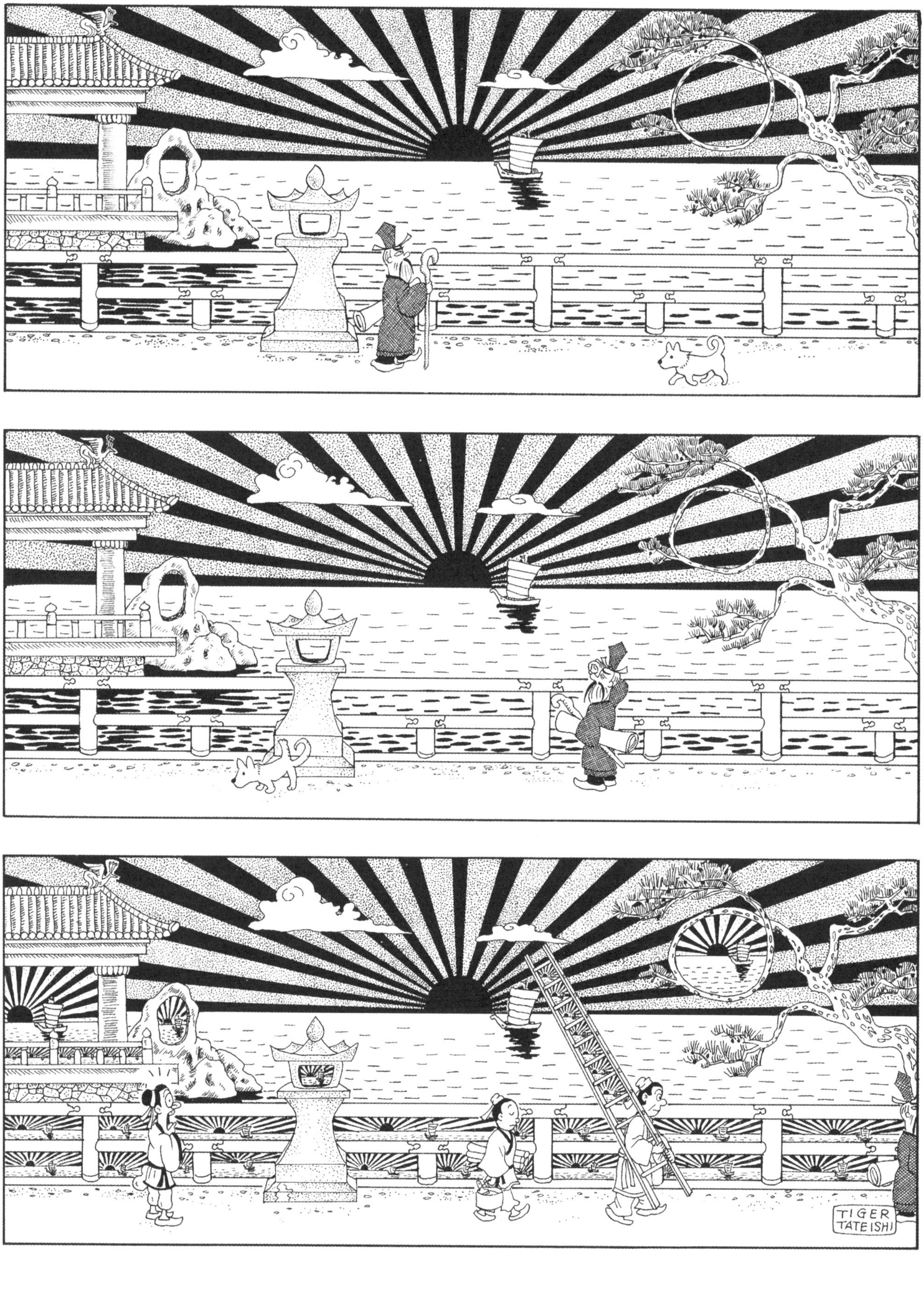
TIGER
TATEISHI

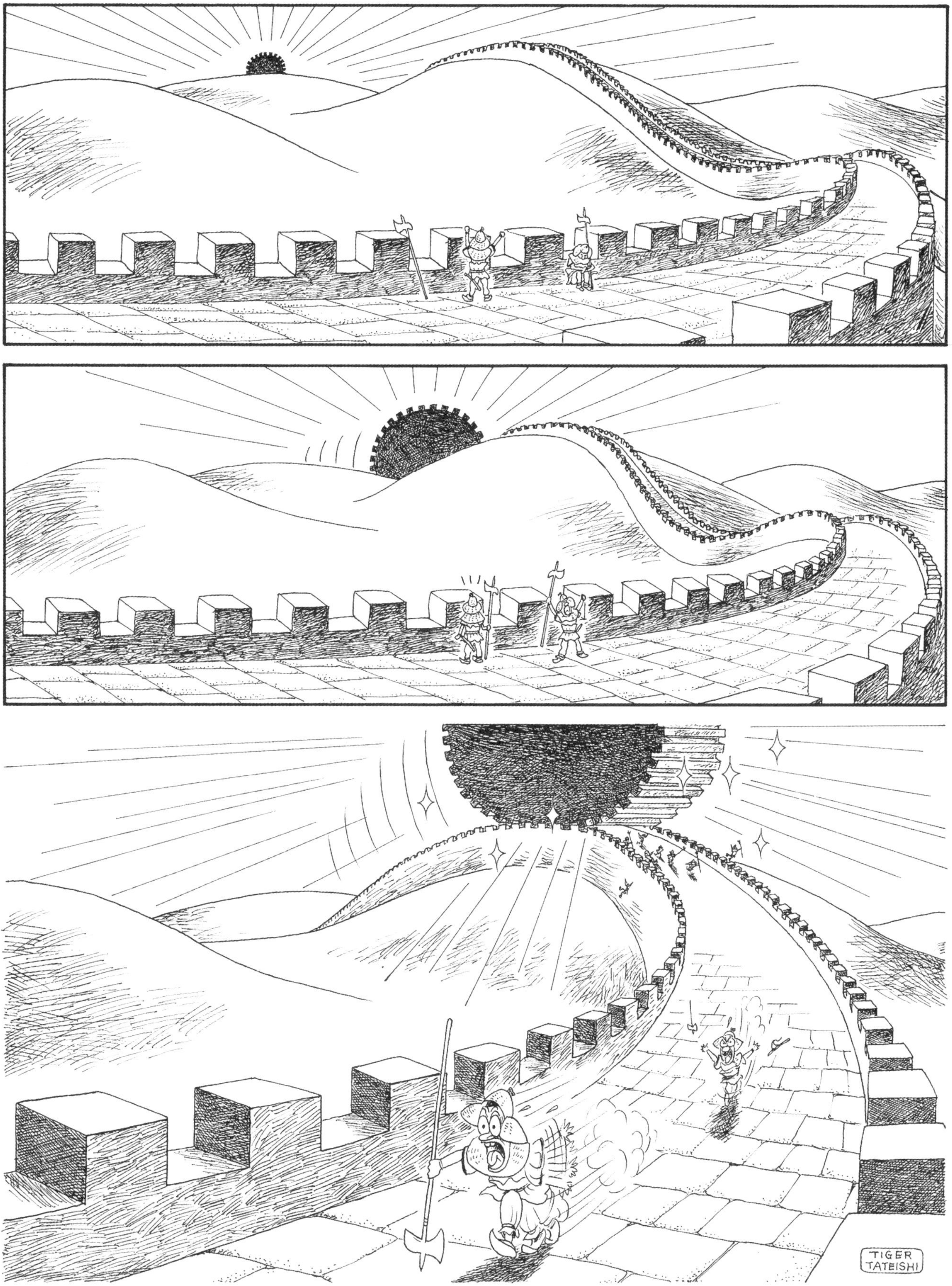
TIGER
TATEISHI

拝啓
明後日酒宴遊
興於吾邸
先生之都合
如何？

快諾
々々
TIGER TATEISHI

TIGER
TATEISHI

TIGER TATEISHI

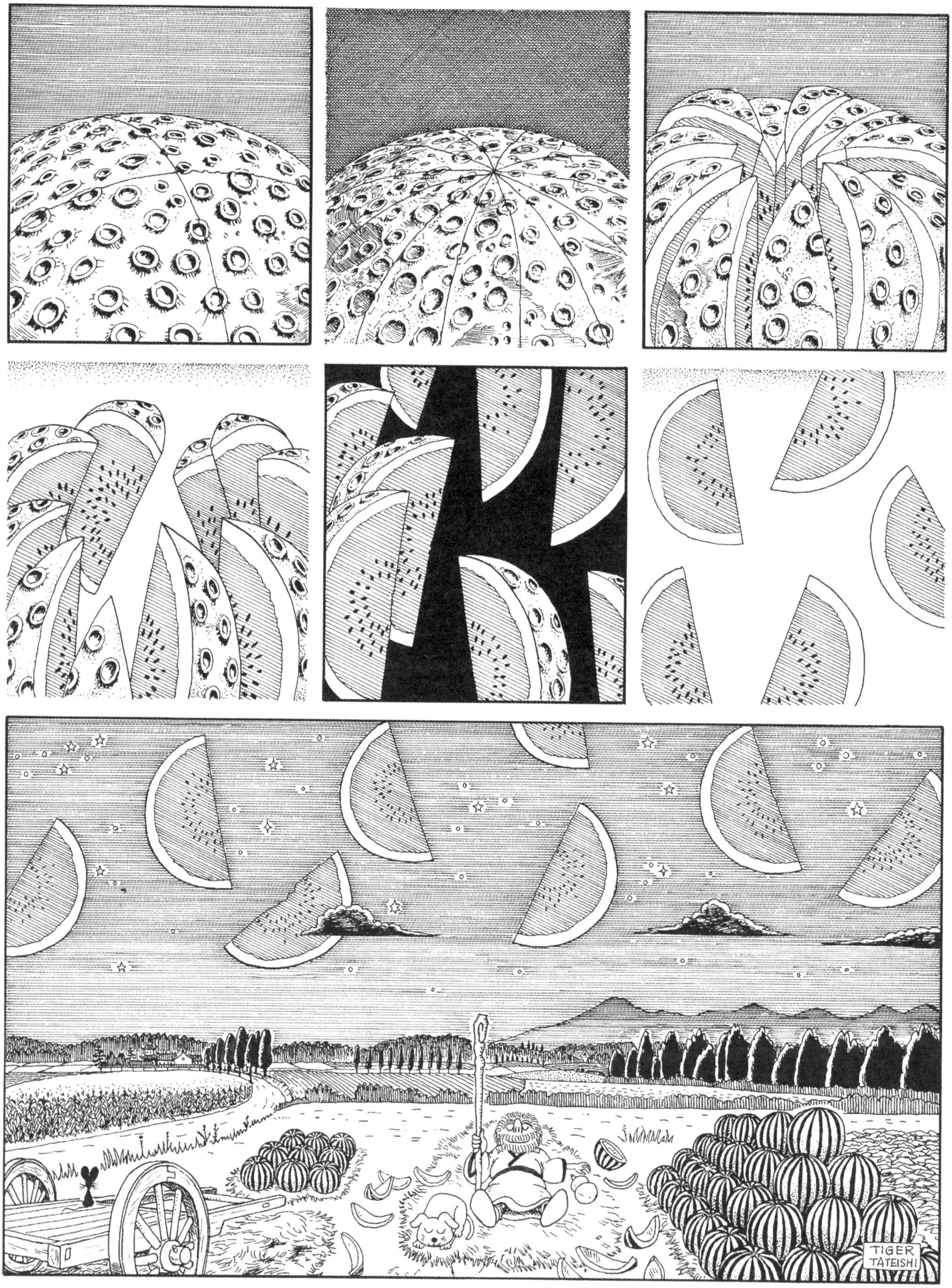
TIGER
TATEISHI

TIGER
TATEISHI

TIGER
TATEISHI

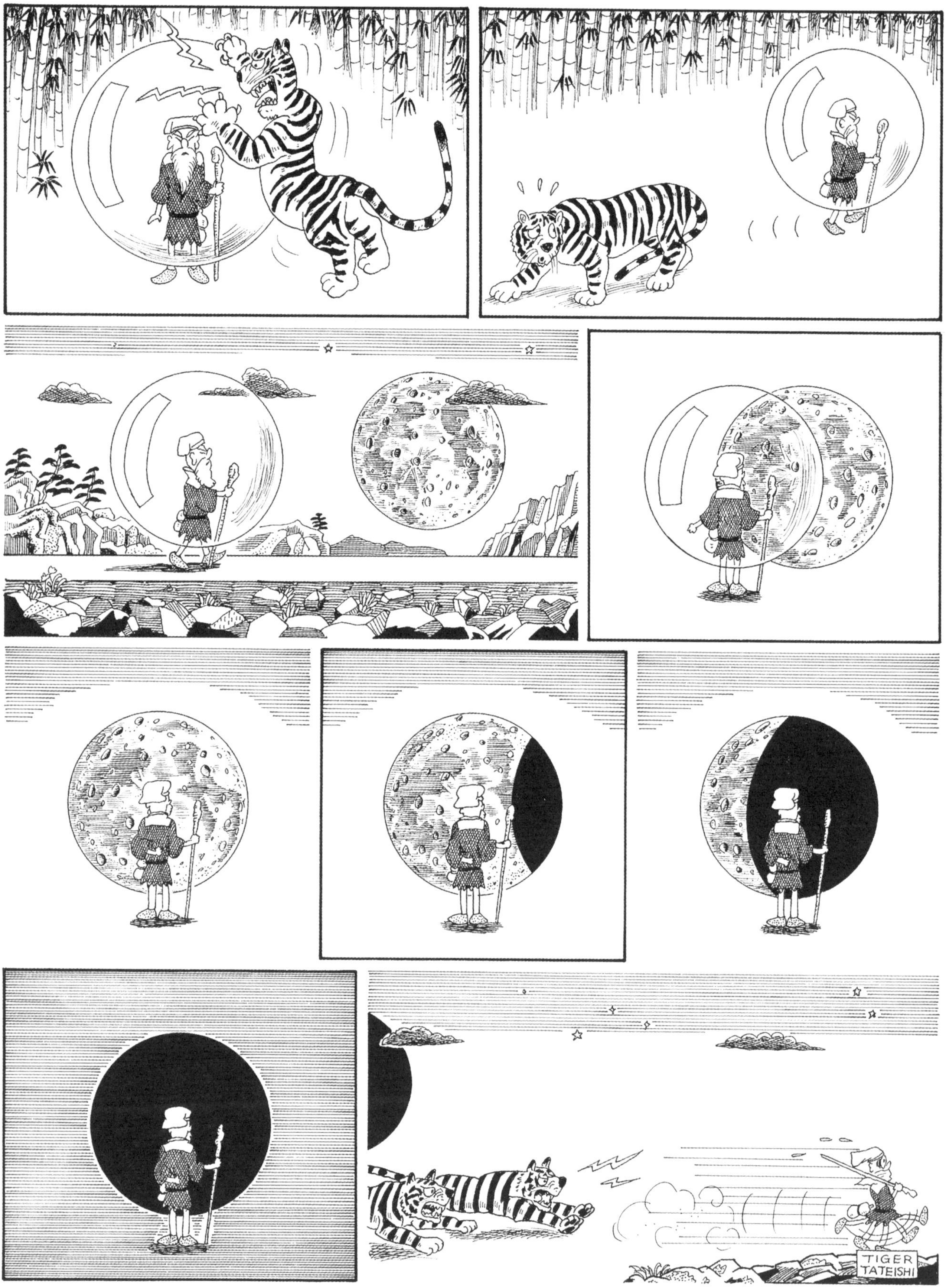
TIGER
TATEISHI

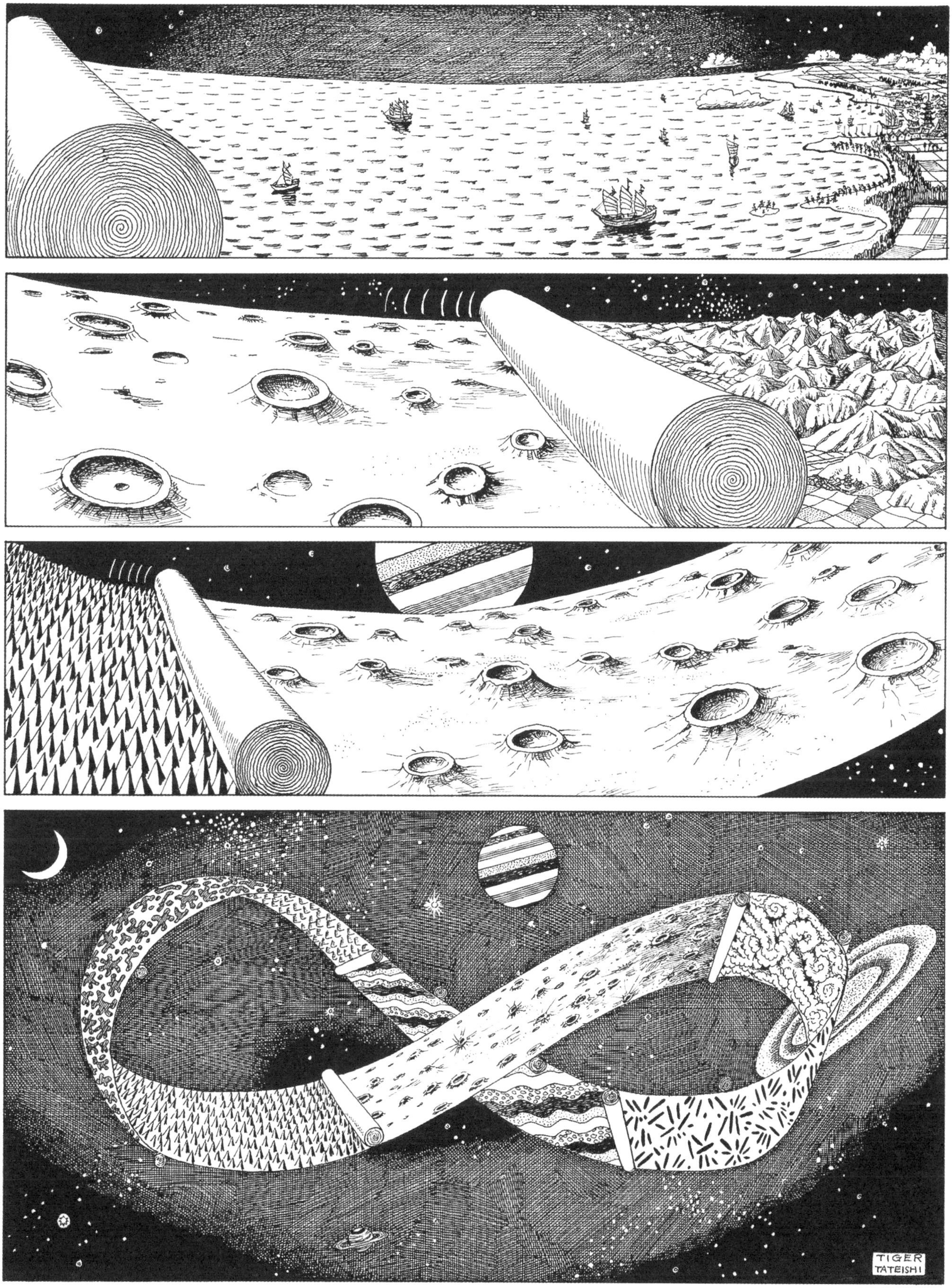
TIGER
TATEISHI

TIGER
TATEISHI

TIGER
TATEISHI

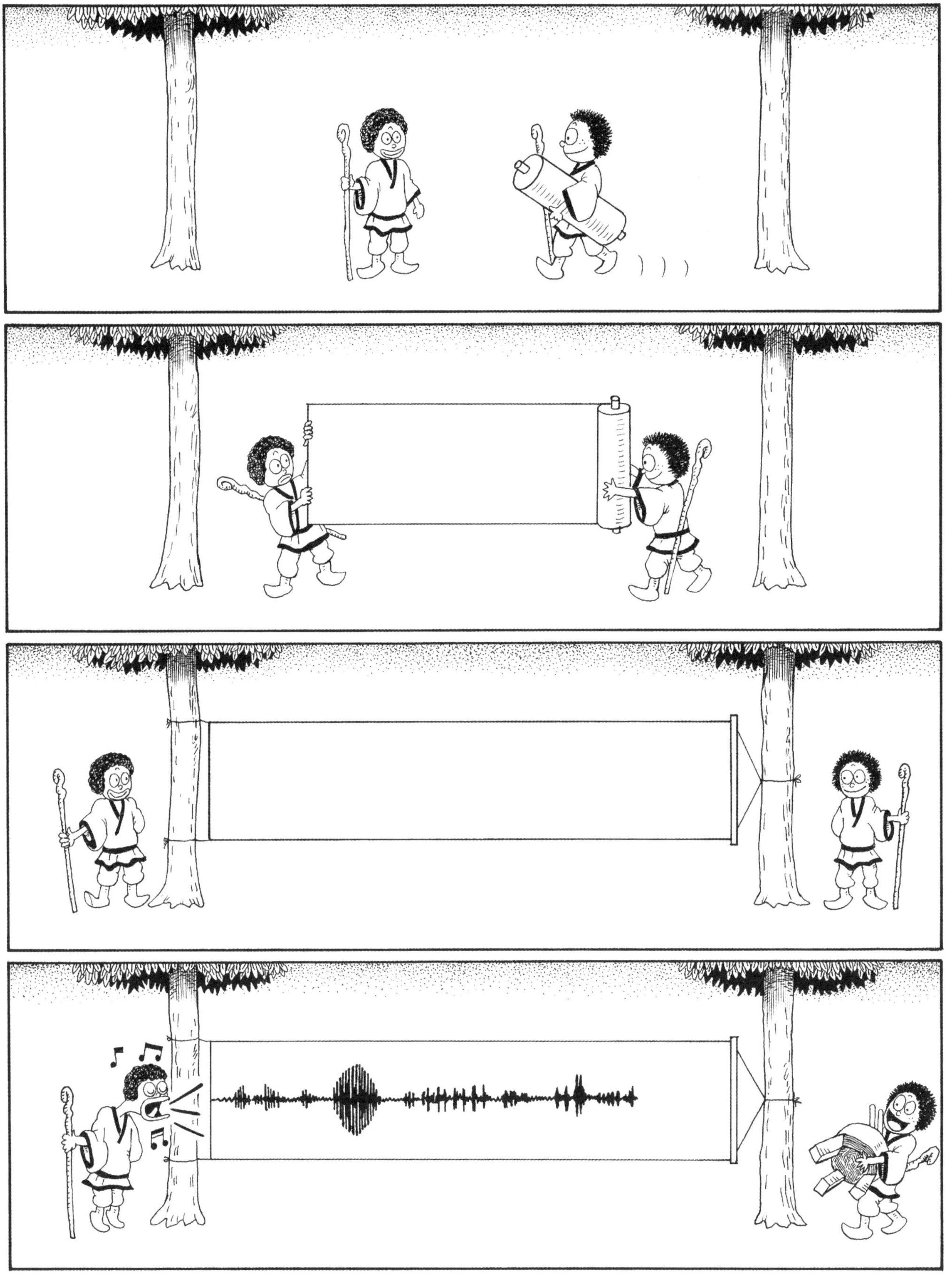

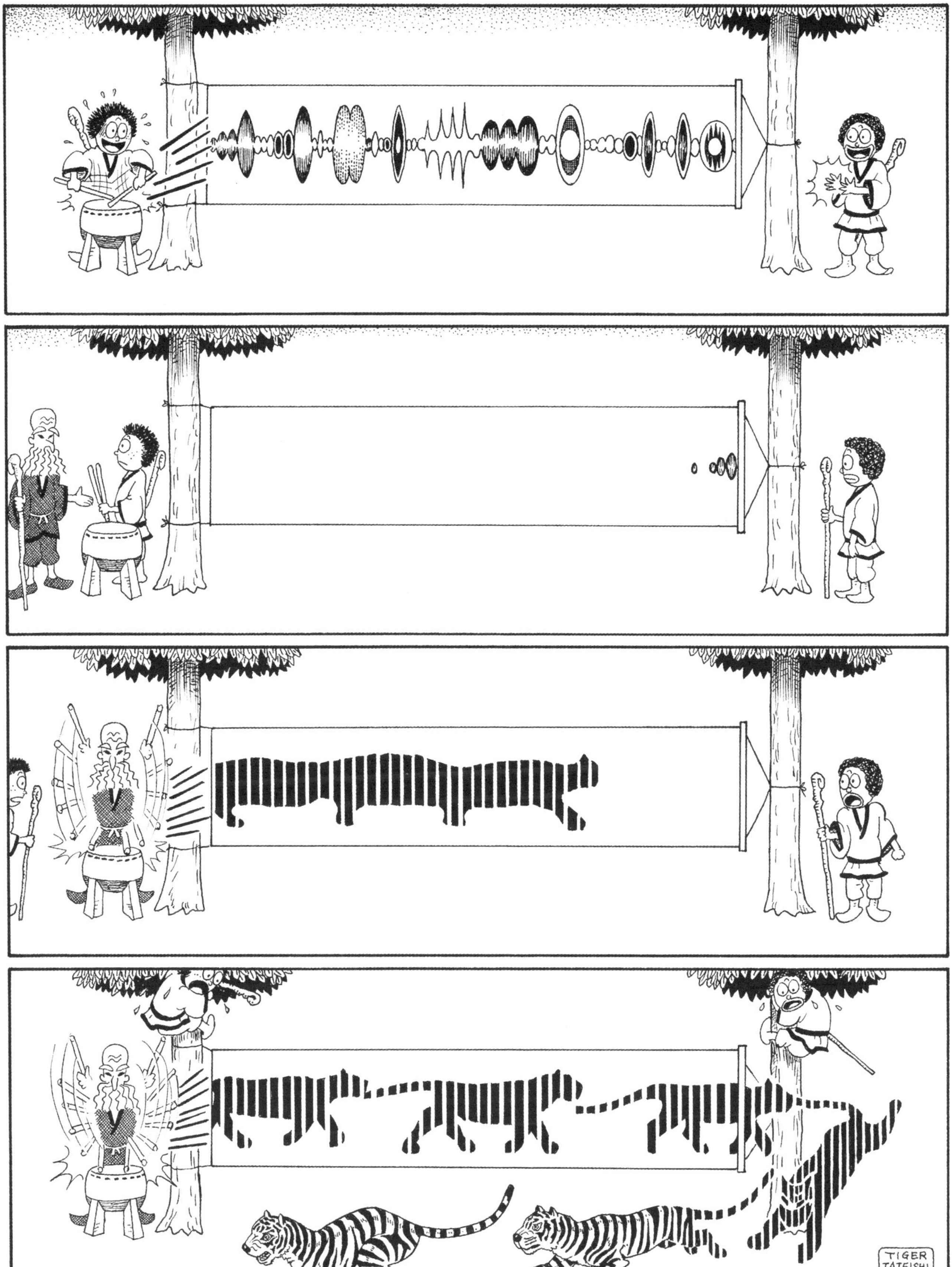
TIGER
TATEISHI

TIGER
TATEISHI

TIGER
TATEISHI

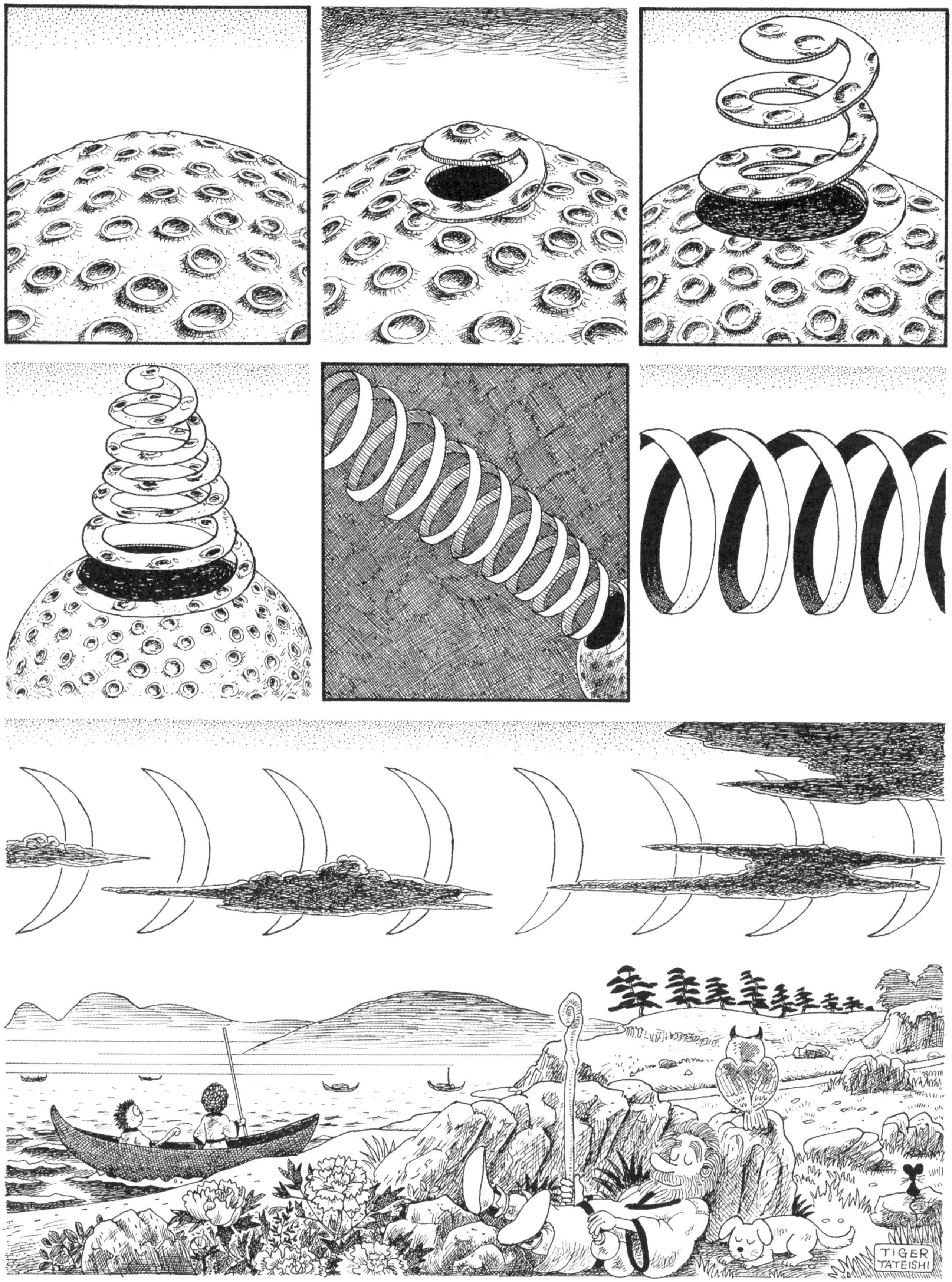
TIGER
TATEISHI

TIGER
TATEISHI

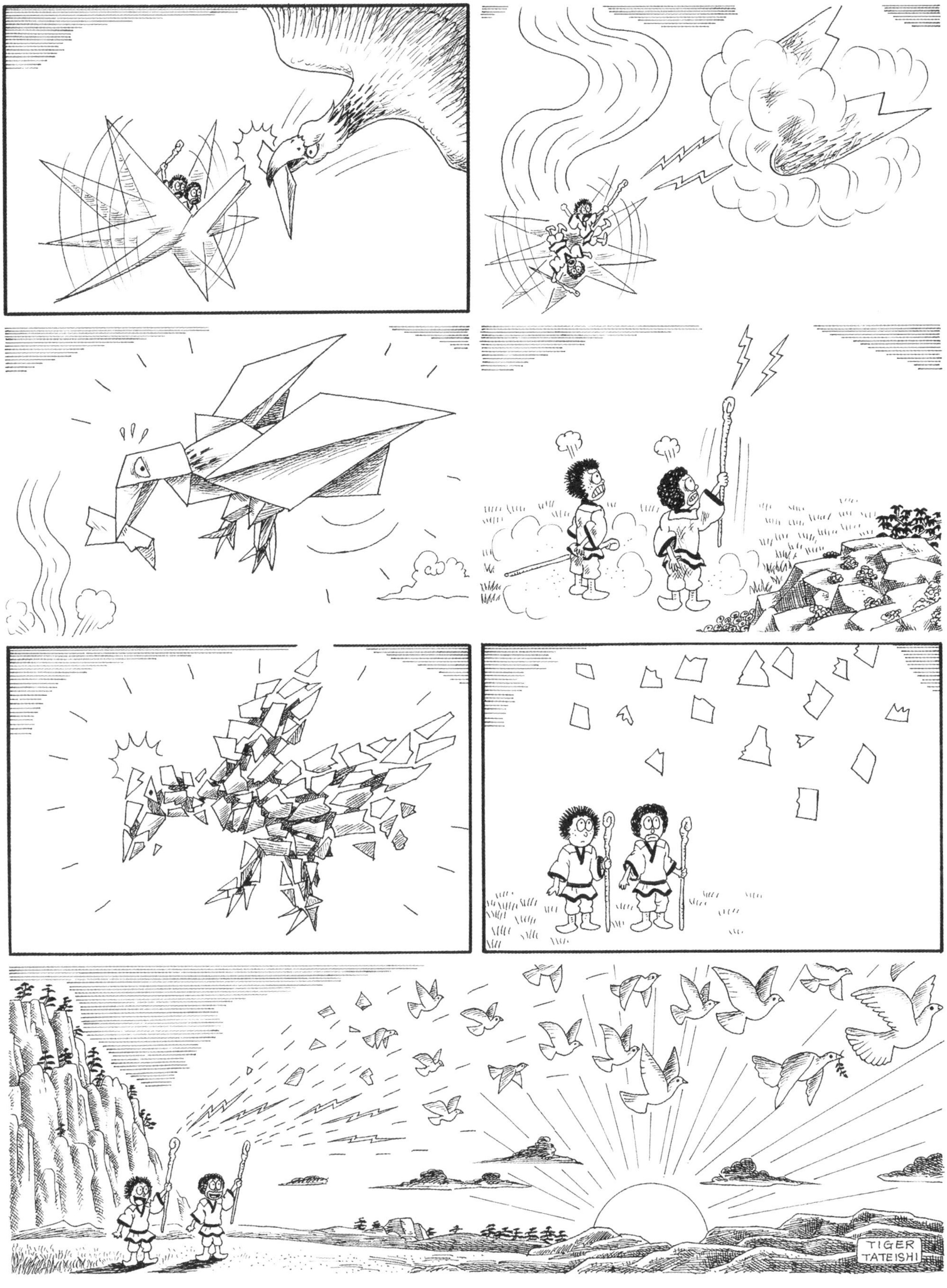
TIGER
TATEISHI

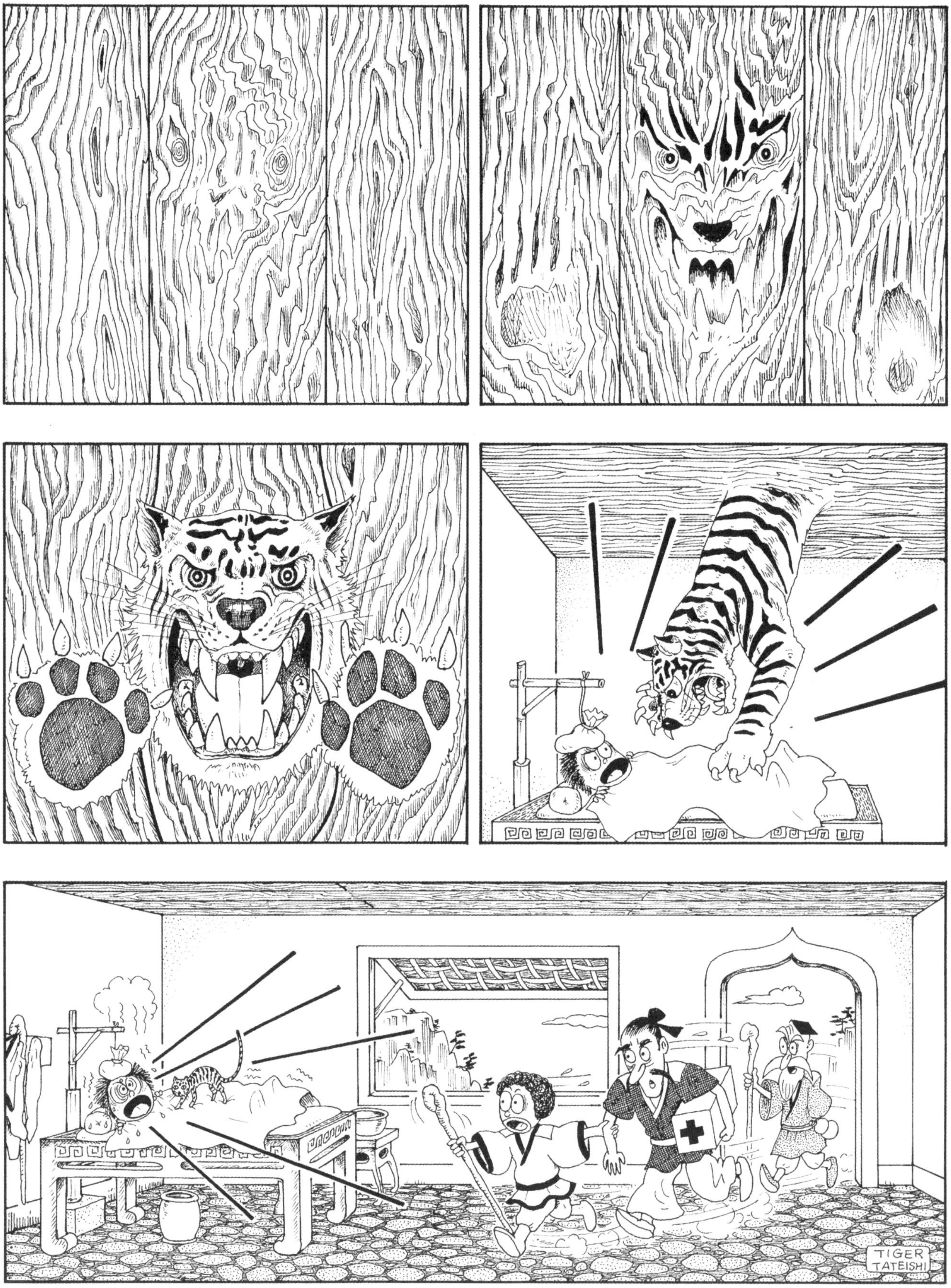
TIGER
TATEISHI

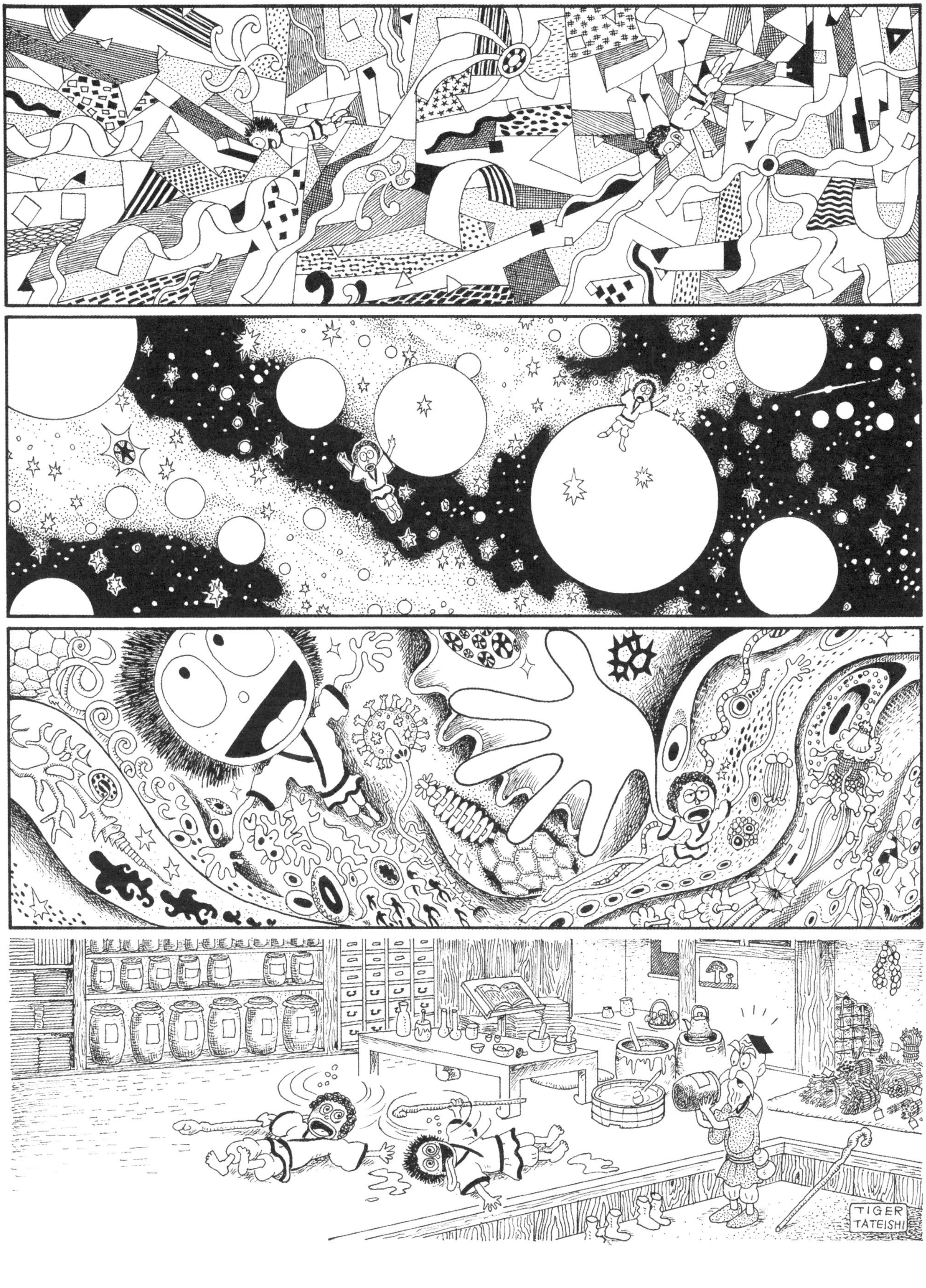
TIGER
TATEISHI

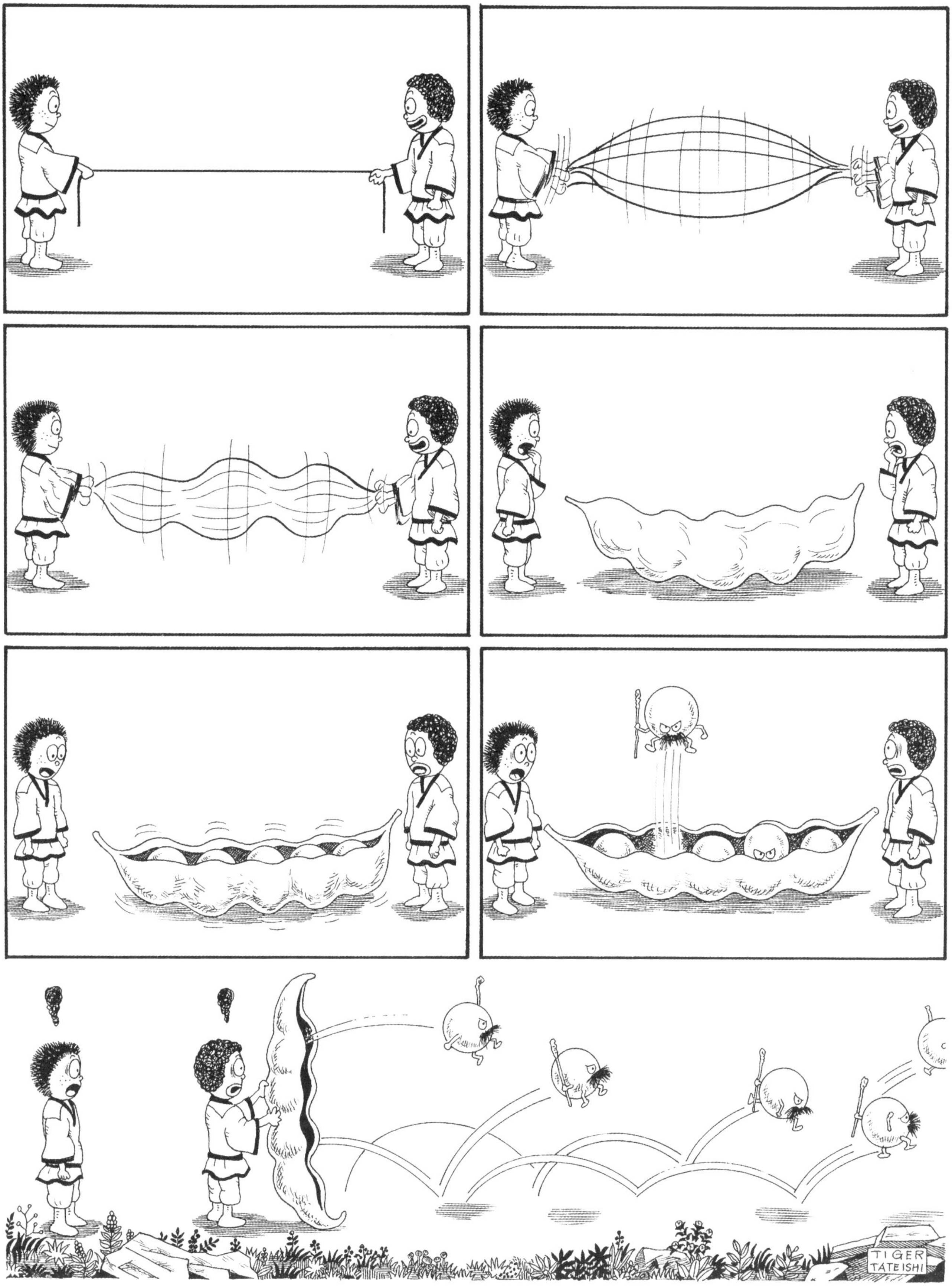

TIGER
TATEISHI

TIGER
TATEISHI

TIGER
TATEISHI

TIGER
TATEISHI

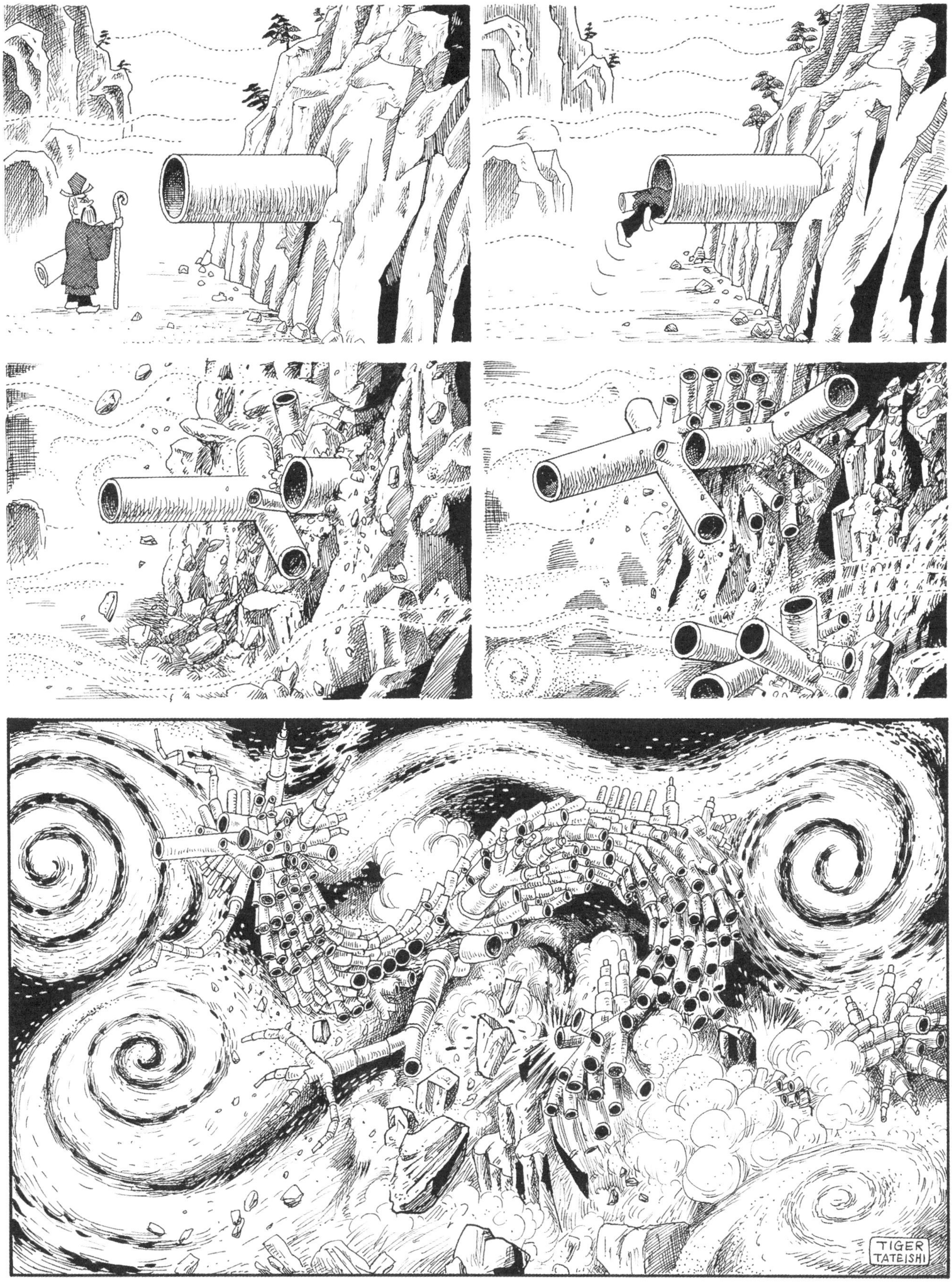
TIGER
TATEISHI

TIGER
TATEISHI

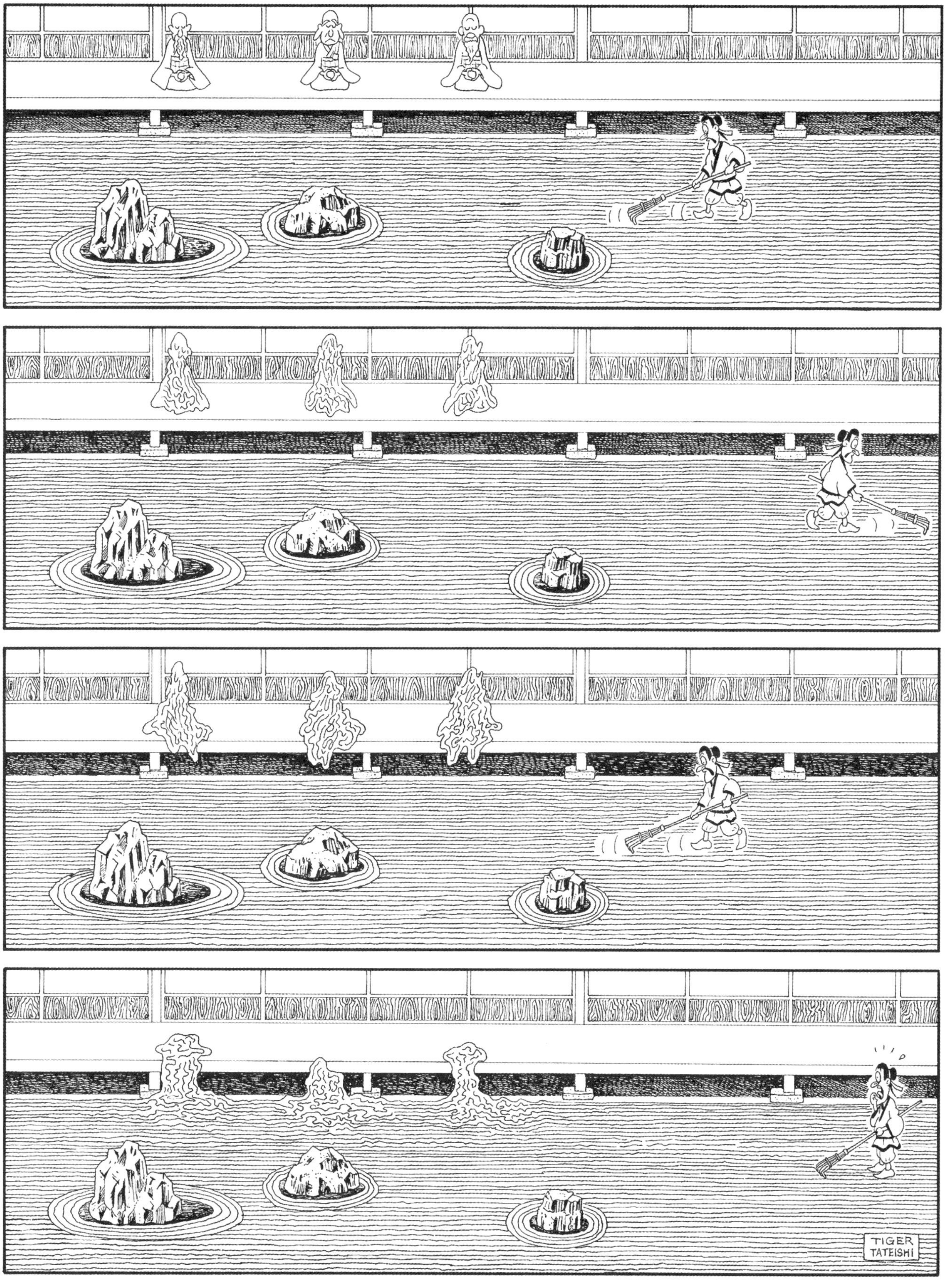
TIGER
TATEISHI

TIGER
TATEISHI

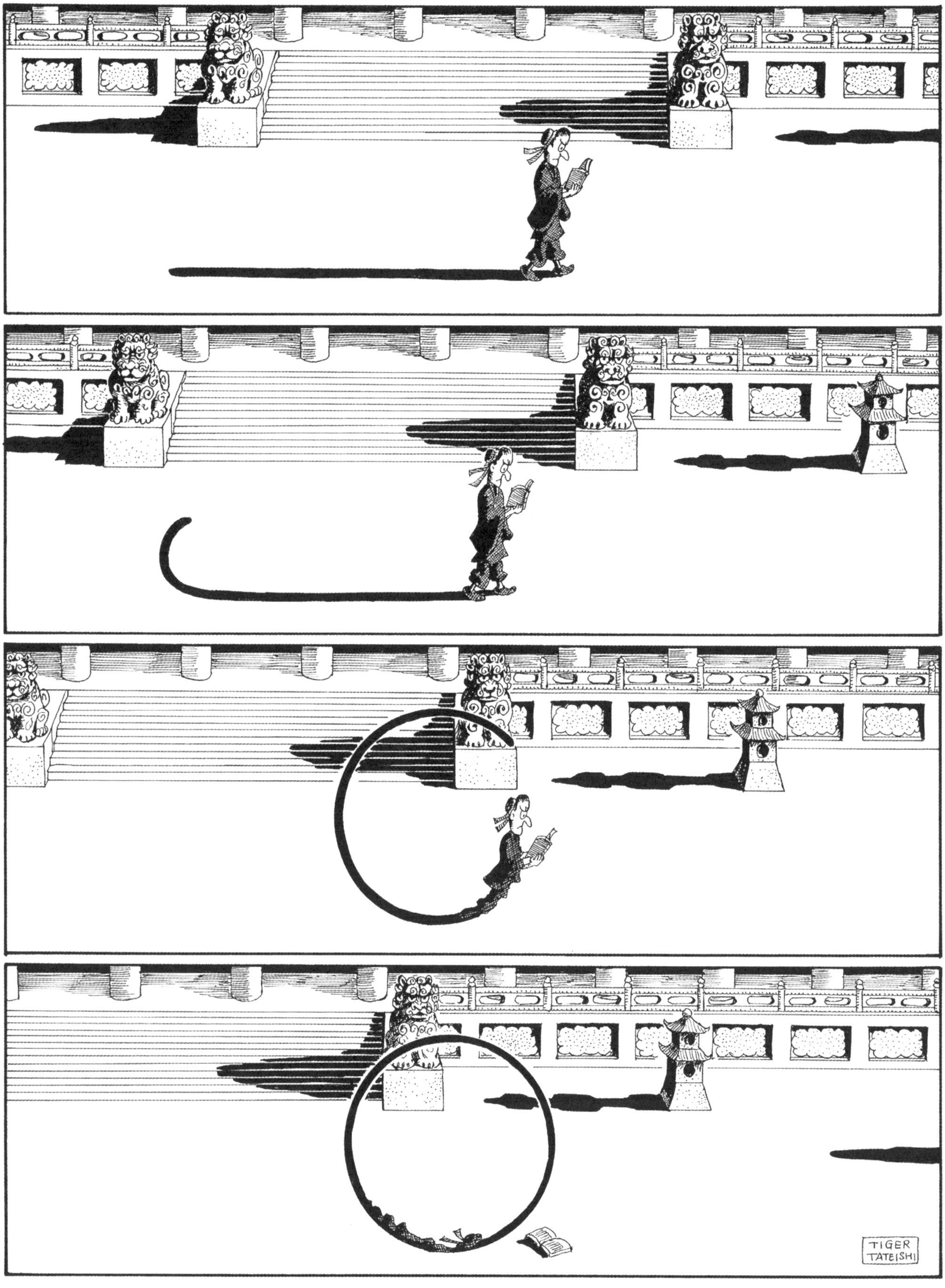
TIGER
TATEISHI

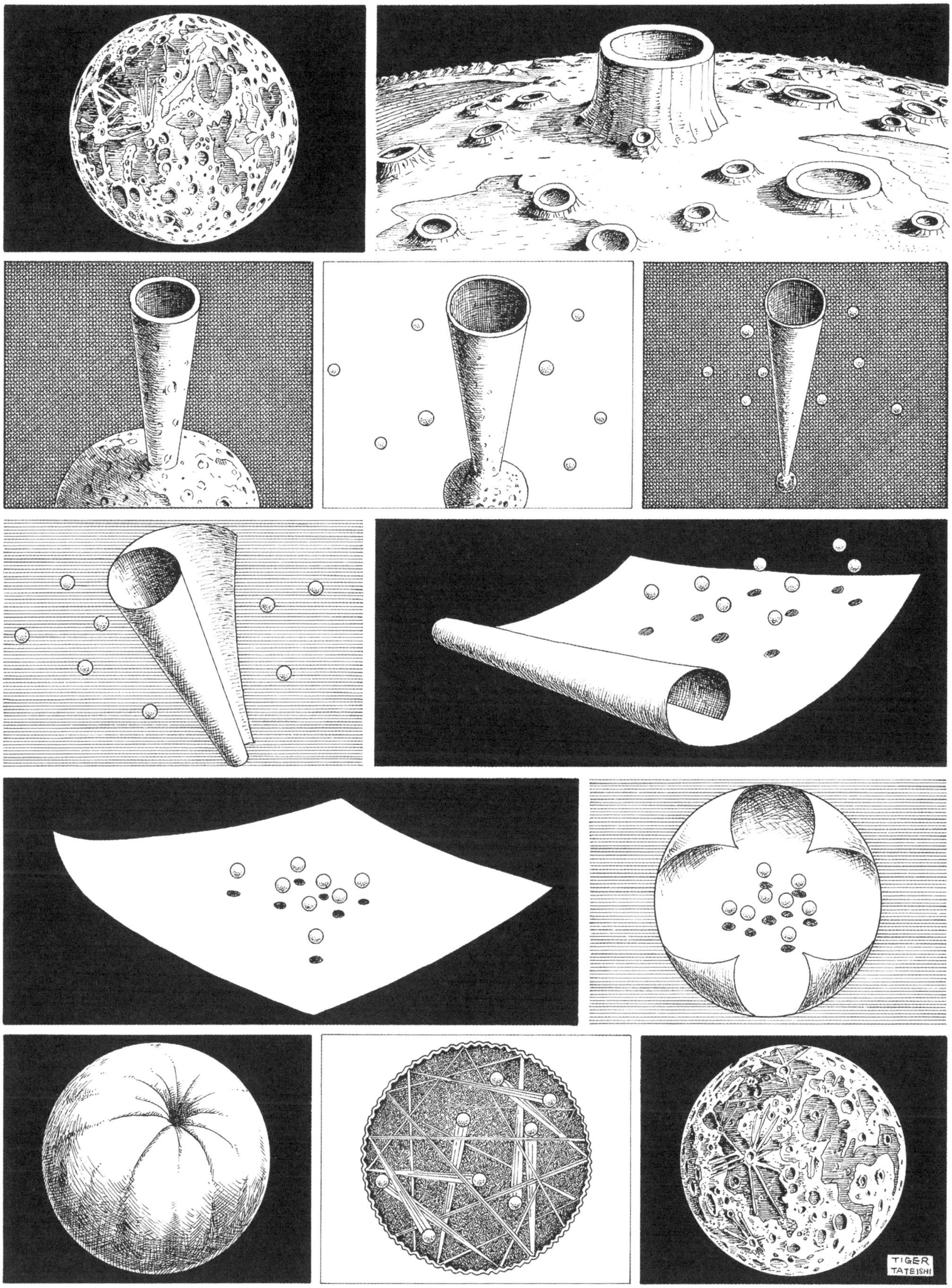
TIGER
TATEISHI

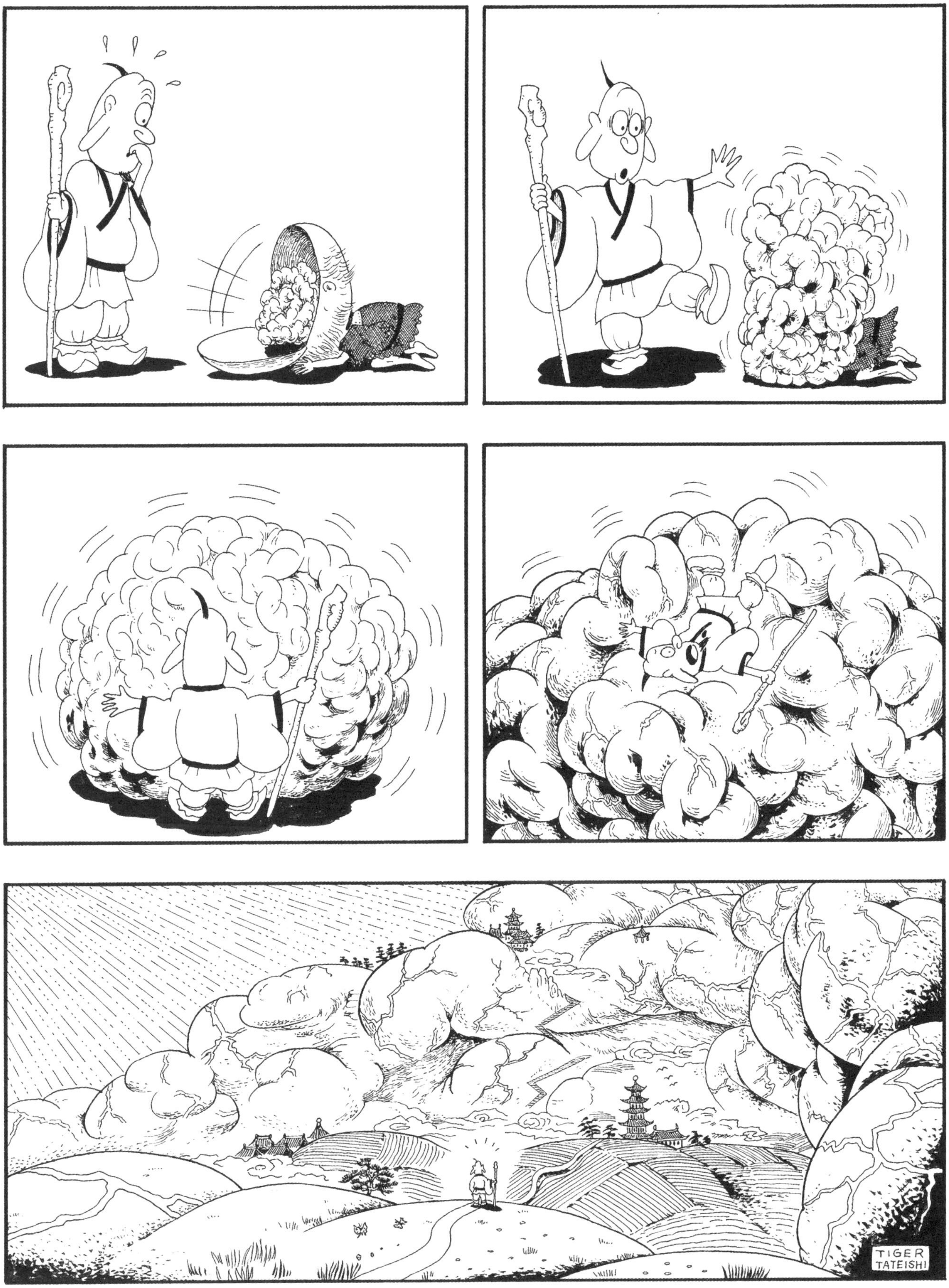
TIGER
TATEISHI

TIGER
TATEISHI

TIGER
TATEISHI

TIGER
TATEISHI

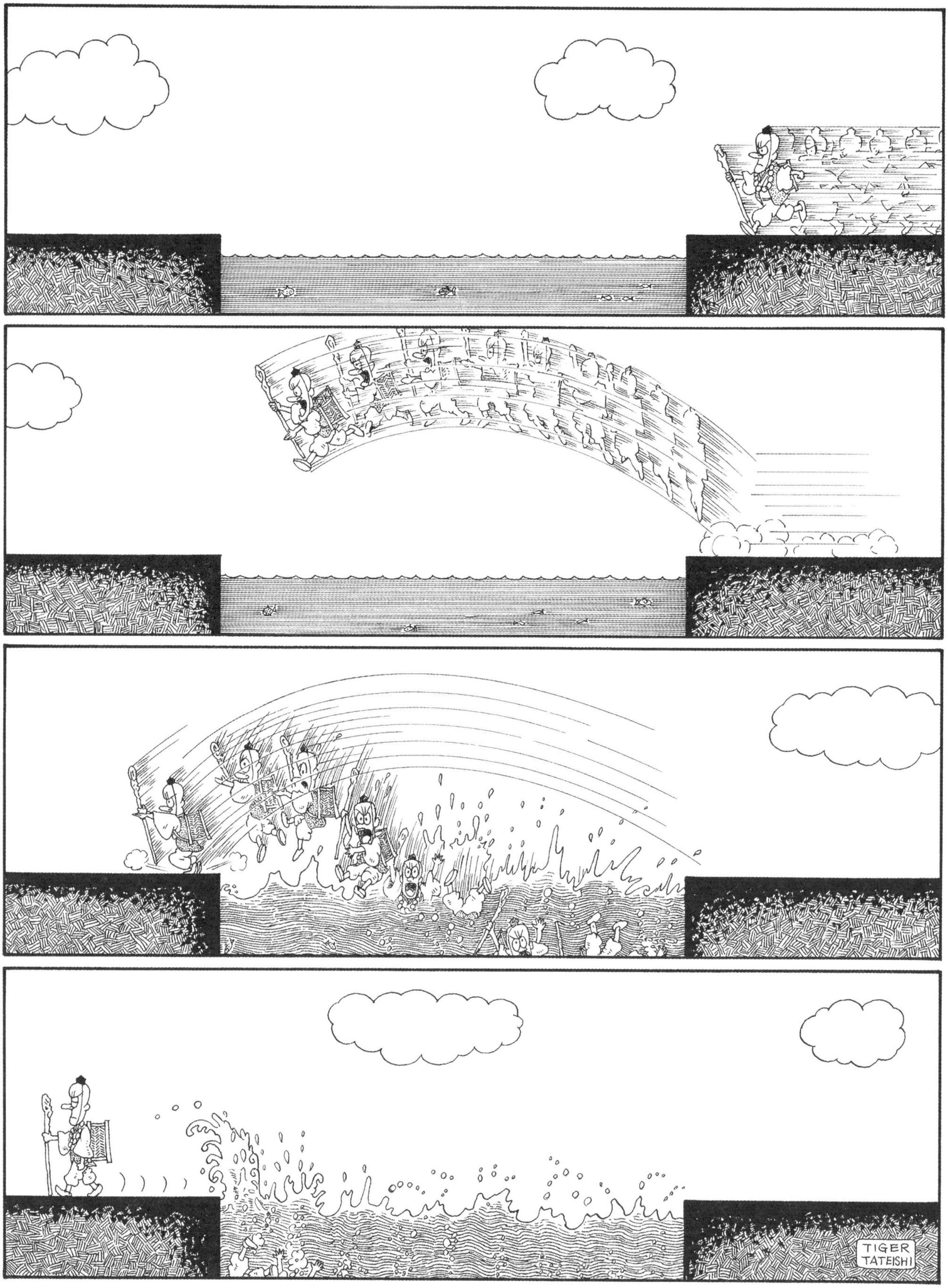
TIGER
TATEISHI

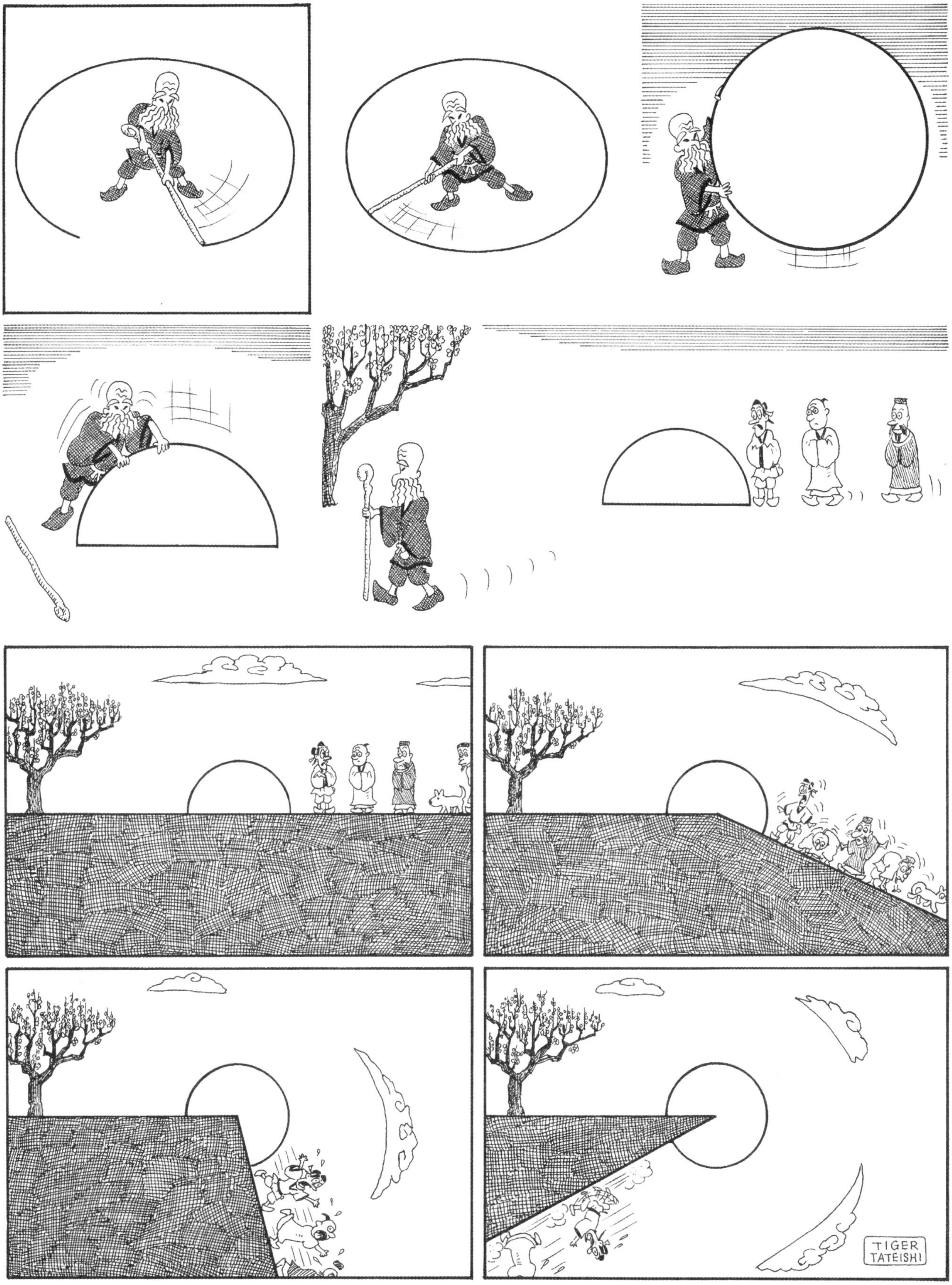
TIGER
TATEISHI

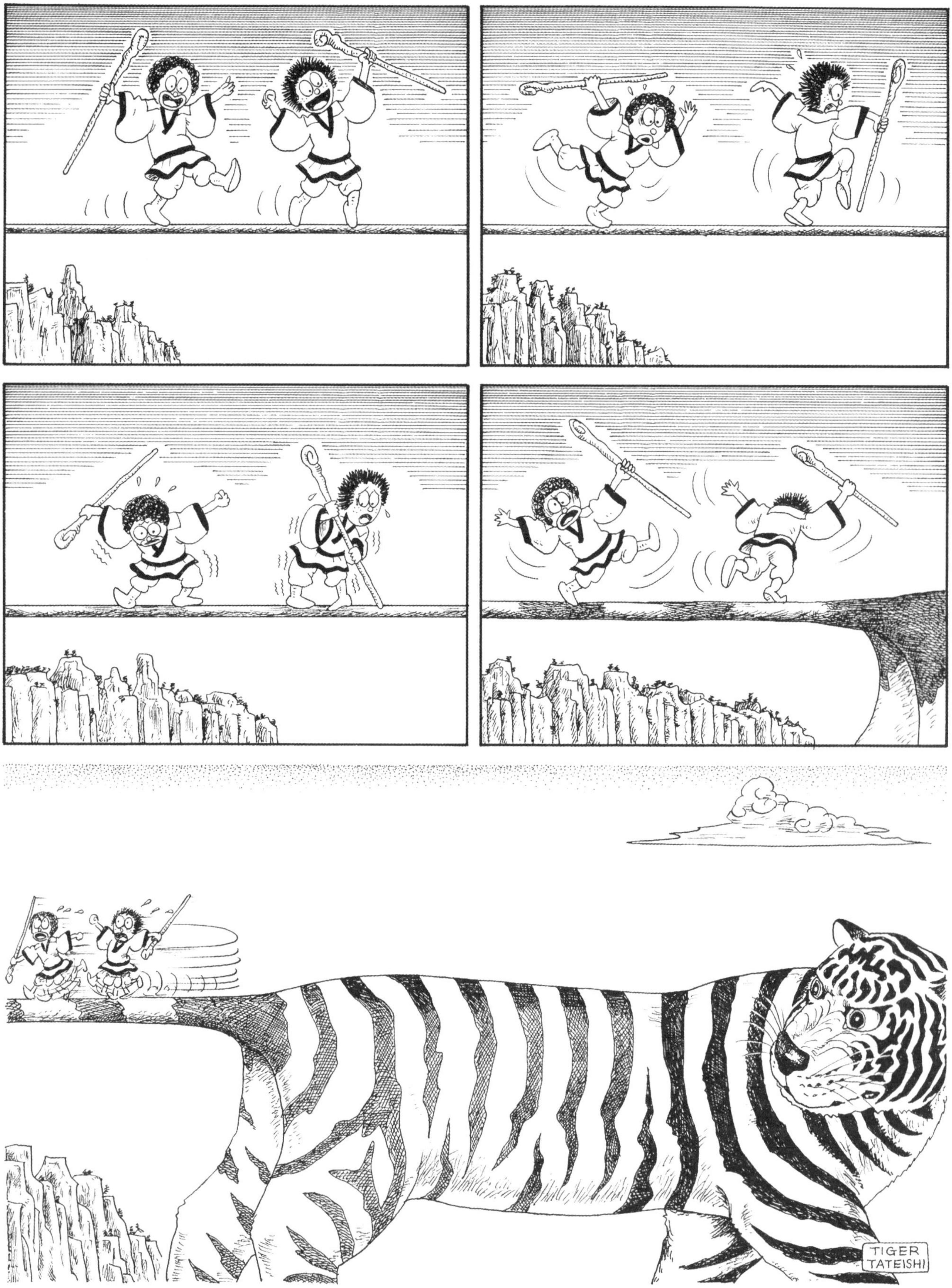
TIGER
TATEISHI